上海市新闻出版专项资金资助项目
中国社会工作史料汇编(第一辑)

社会事业与社会建设

复旦大学社会学系　编

華東理工大學出版社
EAST CHINA UNIVERSITY OF SCIENCE AND TECHNOLOGY PRESS
·上海·

图书在版编目(CIP)数据

社会事业与社会建设／复旦大学社会学系编. —上海：华东理工大学出版社，2019.2
(中国社会工作史料汇编. 第一辑)
ISBN 978-7-5628-5711-2

Ⅰ. ①社… Ⅱ. ①复… Ⅲ. ①社会事业—研究—中国 ②社会发展—研究—中国 Ⅳ. ①C916②D671

中国版本图书馆 CIP 数据核字(2019)第 039675 号

内容摘要

本书是一本论文集，由复旦大学社会学系组织编写，言心哲主编，收入 13 位学者和政府部门领导所写的文章，也是民国时期为数极少的以“社会事业”为主题的学术文集。这本文集所收文章涉及社会事业、社会建设、心理建设、社会调查、社会行政、社会计划、县政建设、合作实验、儿童保护、公共卫生、社会统计等诸多方面，集中反映出 20 世纪 40 年代我国学者对社会工作与社会建设之相互关系全方位探讨的情况，对于当今的社会建设不无启发意义。此外，本书还收录了介绍欧美国家及苏联社会事业发展情况的文章，以期达到为我所用的目的。最后，还有一篇关于四川三峡实验区使用童工情况的调查报告。

策划编辑／刘　军
责任编辑／章斯纯　刘　军
装帧设计／徐　蓉
出版发行／华东理工大学出版社有限公司
地址：上海市梅陇路 130 号，200237
电话：021-64250306
网址：www.ecustpress.cn
邮箱：zongbianban@ecustpress.cn
印　　刷／上海展强印刷有限公司
开　　本／890mm×1240mm　1/32
印　　张／7
字　　数／126 千字
版　　次／2019 年 2 月第 1 版
印　　次／2019 年 2 月第 1 次
定　　价／88.00 元

华彩百年文章传道
风云世纪专业流芳

谨以此丛书纪念中国社会工作百年历程
谨以此丛书纪念中国社会工作恢复卅年

丛书总序

自20世纪初社会工作专业被引入中国以来，到今天已经有了百年历史。中国社会工作的百年发展史跌宕起伏，映射出近代中国的经济社会发展与政治变动情形。

20世纪80年代后期，沉寂了30多年的社会工作在中国内地恢复重建，当时仅有4所高校开设社会工作本科专业。经过近30年的发展，现在已有300多所高校开设这一专业、100多所高校招收社会工作专业硕士，已经形成从专科、本科到硕士、博士、博士后的完整人才培养体系。与此同时，社会工作实务也渐次开展起来，到2017年年底，全国已经注册成立了近7 000家提供专业社会工作服务的社会服务机构，基本涵盖了社会工作的各个实务领域。可以说，社会工作作为一种专业制度安排，在中国内地已然获得高度认可。

回顾近30年中国社会工作的恢复重建历程，我们能够看到一条清晰的发展线索：从最初的“拿来主义”到本土理论和实务经验的生成。20 世纪 90 年代到 21 世纪初，中国社会工作从课程体系、教学体系到实务操作，基本上照搬了我国香港、台湾地区以及欧美国家较为成熟的模式，也出现了“水土不服”的现象。但是，中国社会工作学术界和实务界没有忘记探索自己的道路，并取得了一定成果。

从 1998 年开始，中国社会工作教育协会组织编写社会工作系列主干教材，跨出了学科自省的步伐。2001 年，王思斌教授提出了社会工作“本土化”的命题，倡导并鼓励人们根据中国的国情、政情和社情进行社会工作教育模式和实务模式的探索与理论提升。在“本土化”导向的驱动下，中国社会工作学术界和实务界努力挖掘“传统资源”，检讨“西方学说”，总结“中国经验”。

作为一家以社会工作图书出版为特色之一的出版单位，华东理工大学出版社一直致力于社会工作“本土化”图书的编辑出版。这次推出的“中国社会工作史料汇编”(第一辑)包括 6 种图书:《社会工作导论》(蒋旨昂著)、《现代社会事业》(言心哲著)、《医院社会工作》(宋思明、邹玉阶著)、《精神病之社会的因素与防治》(宋思明著)、《社会救济》(柯象峰著)、《社会事业与社会建设》(复旦大学社会学系编)。这些著作均为民国时期的出版物，代表了民国时期社会工作理论研究和实务经验的最高水准，具有极大的出版价值。

进入 21 世纪以来，中国的社会工作学者们通过“参与式行动研究”模式，即作为集理论研究者和政策倡导者于一体的角色深入实践开展专业社会工作，成为推动新的社会服务体系建构、社会组织发展和基层政府社会职能转变的重要力量。“中国社会工作史料汇编”（第一辑）的推出，可谓生逢其时，能够为中国社会工作学者的进一步探索提供别样的视角和有益的借鉴。

当前，中国特色社会主义进入了新时代，中国社会工作学者要以习近平新时代中国特色社会主义思想为指导，继续深入开展理论建构与实践建构，积极建设具有中国特色、中国风格、中国气派的中国社会工作理论体系和实务模式，以更好地服务于我国的社会发展、社会建设和社会治理实践，更好地服务于提升我国软实力与国际话语权的建设实践。

愿这套丛书能够更好地助力新时代中国社会工作的发展！

徐永祥

导 读

本书是一本论文集，是复旦大学社会学系组织编写的，收录了13位学者和政府部门领导所写的文章，也是民国时期为数极少的以“社会事业”为主题的学术文集。据该书主编言心哲在《前言》里所说：“我国在这次抗战以前，曾有几种专门讨论及研究社会学与社会事业的定期刊物，但都早已先后停刊。据编者所知，迄今欲求一纯学术性的社会学及社会事业刊物，尚不可得。为弥补这个缺憾起见，故特发行此书。此后每年能出一本，使我们研究社会学及社会事业的人有自己的园地可以耕耘。”他们的意图类似于出版一种以书代刊的学术集刊。但是，言心哲的设想可能没有实现，我们没有发现后续有类似的出版物。

一

首先我们来看看“社会事业”一词的含义。由于社会工作是一种“舶来品”，所以如何将来自西方的“Social Work”翻译成与之相匹配的汉语,在民国时期的社会工作教育界产生了不小的分歧。最初的社会工作著作均被冠以“社会事业”的书名,如李剑华著《社会事业》(世界书局 1930 年出版)、毛起鵕著《社会事业》(世界书局 1930 年出版)、祁森焕著《社会事业大纲》(博闻社 1931 年出版),等等。李剑华还指出:“中国最初把‘Social Work’译为社会工作,社会事业的译名系从日本来的,至于社会事业名称被使用的年代,只好留待后日去考证了。”[①]这段话告诉我们一个重要信息,“社会事业”的译名是从日文转借过来的,只不过不清楚开始使用的年代。

1944 年,言心哲出版了《现代社会事业》一书。这是一本集大成式的著作,不仅全面地介绍了欧美各国的社会工作发展概况,着重阐释了社会个案工作、社会团体工作、社区服务工作以及社会工作人才的训练等问题,而且详细介绍了当时的中国社会工作状况,并对中国社会工作的未来发展指出了方向。言心哲,别名荣彰,生于 1898 年 7 月,湖南湘潭县人。曾赴美国留学,1928 年获南加州大学文科硕士学位。归国后,言心哲在多所大学任教,出版了一系列的社会学与社会工作学著作,《社会事业与社会建设》就是他在复旦大学执教时主持编写的。

① 李剑华:《社会事业》,世界书局 1930 年版,第 2 页。

在《现代社会事业》一书中，言心哲写道："'Social Work'在我国文字中译为社会事业，似无不当，国立编译馆所翻译之社会学名词，曾开会讨论，'Social Work'已多数赞成译为社会事业矣。"[①]可当时的实际情形并非如此，"Social Work"的中文译法有很多种，诸如社会服务、社会工作、社会行政、社会福利、公共福利，等等。言心哲自己也承认："不过现在我国，在某种情形之下，或称社会服务，或称社会福利，或称社会行政，似均无不可(如现在各地所设之社会服务处，社会部之社会福利司、社会行政计划委员会)，而各种社会服务活动的统称，则似以社会事业为宜。"[②]

似乎在早期的中国社会工作实务界，使用"社会服务"的情形更为普遍。1921 年开业的北京协和医院就建立了从事社会工作的专门机构，称为社会服务部，而且这个叫法一直沿用到 1952 年。而中国较早建立社会学系的燕京大学，1925 年将系名改为"社会学及社会服务学系"，突出社会服务学的概念，而直到 1934—1935 学年度雷洁琼在该系讲授的课程仍然是"社会服务学概论"，但 1925—1930 学年度该系已改名为"社会学及社会行政学系"了。

到言心哲《现代社会事业》出版的时候，已没有多少人使用"社会事业"这个概念，而以"社会工作"为这一专业的专有名称了，而

① 言心哲：《现代社会事业》，河北教育出版社 2012 年版，第 9 页。
② 言心哲：《现代社会事业》，河北教育出版社 2012 年版，第 9 页。

出版的各种著作也多以“社会工作”命名。检视一下民国时期以“社会工作”命名的著作，大致有这样几种：钮长耀著《社会工作（初稿）》（中央社会部，1940 年），蒋旨昂著《社会工作导论》（商务印书馆，1946 年），李安宅著《边疆社会工作》（中华书局，1944 年），宋思明、邹玉阶合著《医院社会工作》（中华书局，1944 年）。而在杂志论文中使用“社会工作”的作品更多，如吴桢的《社会工作是一种社会制度抑或社会运动》（《社会建设》1948 年第 1 卷第 5 期）、范任的《社会工作与大同之志》（《社会建设》1948 年第 1 卷第 3 期），等等。1944 年 1 月 15 日，由国民政府社会部主办的《社会工作通讯月刊》正式在重庆创刊，由时任社会部部长的古正纲题写刊名。《社会工作通讯月刊》的创刊，可以看作对这一专业名称的权威认定，而且这一时期官方制定的有关法规或政策均以“社会工作”相指称。

从上面的历史回顾中，我们可以看出，社会工作的专业名称在民国时期获得了广泛认同，或许这也是改革开放以后社会工作恢复重建时专业名称选择的一个原因吧。那么，在本书中，社会事业就应该等同于社会工作？其实不然，社会事业概念的外延要大于社会工作，这从 12 篇文章的标题中就可以看出来。

除社会事业之外，这本书的主题还包括社会建设。我国社会建设的思想渊源是很悠久的，但现代意义上的社会建设思想的形成却是在20世纪40年代。“中国的现代社会建设与现代化进程相伴而生，担负着民族复兴和社会转型的重任，至1940年代初步形成了较为完整的社会建设思想，其核心是以解决工业化过程中的种种社会问题为主要任务，有计划地控制社会变迁，实现社会现代化。”[①]其实，中国的现代社会建设思想之所以在20世纪40年代开始形成，是跟抗日战争的全面爆发以及政学两界对于战后重建的深度关切分不开的。这样一来，探讨社会事业与社会建设的关系自然也就成了当时社会工作界的重要议题。

二

再来看看13位作者的情况。在这13位作者当中，能够称得上社会工作学者的仅有言心哲、毛起鵕、张鸿钧、谢徵孚、孙本文等5人，其余都是其他方面的专家。言心哲的情况前面已经介绍过了，谢徵孚和毛起鵕的资料很缺乏，只知道谢徵孚是湖南人，留学法国，曾任教于中央大学；毛起鵕是江苏人，也在中央大学社会学系教过书，除《社会事业》以外，他还出版过一本《社会学》（正中书局，1943年）。

张鸿钧，字秉衡，1901年9月24日出生于直隶宛平县（今属

① 宣朝庆、王铂辉：“一九四〇年代中国社会建设思想的形成”，载《中国社会科学》2009年第6期。

北京市丰台区)的一个普通农民家庭。1925 年从燕京大学社会学系毕业,1927 年冬赴美国西北大学社会学系研习社会工作,旋即转入芝加哥大学社会行政研究院进修两年,以论文《英国老年恤金制度》获硕士学位。1929 年学成归国,担任燕京大学社会学及社会服务学系教授,曾主持过燕京大学的"清河社会实验区"项目。1940 年 10 月国民政府社会部成立后,张鸿钧受聘为社会行政计划委员会委员,后又担任研究室主任,襄助部务。在张鸿钧的主持下,社会部研究室编译出版了多达数十种的社会工作丛书,成为当时国内最优良的社会研究资料之一。1944 年,张鸿钧被擢升为社会部社会福利司司长,主政期间致力于扩展社会福利事业,在社会保险、社会救济、社会服务、职业介绍、劳工福利和儿童福利的制度建设以及工作方法上都颇有建树。1949 年 6 月,张鸿钧应联合国之聘,由上海赴香港转往纽约,就任社会司研究组主任之职。1957 年,张鸿钧被派为联合国中东社会发展办事处主任,协助中东地区的发展中国家推进社区建设工作,后又改任联合国亚洲暨远东经济委员会社区发展顾问。1968 年 10 月,张鸿钧返回台湾地区定居,并在台湾大学、东海大学等高校任教。1973 年 4 月 16 日,张鸿钧逝世于台湾。

孙本文,字时哲,1892 年出生,江苏吴江(今苏州市吴江区)人。1915 年考入北京大学哲学系,1921 年赴美留学,1925 年获得纽约大学哲学博士学位。1926 年归国后，先在复旦大学社会学系任教，1929 年转任中央大学教授，并长期担任社会学系主任。1952 年以后，孙本文转任南京大学地理系、哲学系教授，讲授统计学和哲学英语选读等课程。1979 年 2 月 21 日，孙本文逝世于南京。孙本文是我国一位很重要的社会学家，著述颇丰，2012 年《孙本文文集》出版，共 10 册，4 300 多页。

其他 7 位作者当中，李景汉、何德鹤、高迈都是社会学家，郭任远是心理学家，汪龙、金宝善均系国民政府的高级官员，浦乃钧、葛三立生平履历不明。其中，何德鹤是安徽人，留学法国，曾任教于复旦大学社会学系；高迈是江苏人，也曾在复旦大学社会学系任教；汪龙曾担任国民政府社会部统计长。

李景汉，1895 年出生于直隶通县（今北京市通州区）一个普通的农民家庭。1917 年赴美留学，主修社会学及社会调查研究方法。先后在珀玛拿大学、加利福尼亚大学学习，获加利福尼亚大学硕士学位。1924 年学成归国后，到中华教育文化基金董事会社会调查部工作。1926 年 2 月，该调查部接受美国纽约社会宗教研究院捐助的专款，供作社会调查费用，由陶孟和、李景汉主持。1929 年 6 月，更名为北平社会调查所。1928 年 6 月，李景汉应晏阳初的邀请，担任定县（今河北省定州市）平民教育实验区社会调查部主任，拉开了中国历史上第一次大规模农村社会调查的序幕。

1956年，中国人民大学调查研究室成立，李景汉担任主任，积极领导开展大量的社会调查活动，为我国培养了一批优秀的社会调查人才。1984年被聘为中国人民大学社会学研究所顾问，1986年病逝于北京。

郭任远，1898年出生，广东汕头人。早年考入复旦公学，1918年肄业，赴美国加利福尼亚大学攻读心理学。1923年郭任远获心理学博士学位后回国，担任复旦大学心理学系主任。次年，他主持创办复旦大学心理学院，这是中国第一所心理学院。1933—1936年，郭任远担任浙江大学校长。后赴美国，在加利福尼亚大学、耶鲁大学奥斯本动物实验室、华盛顿卡耐基研究所等机构从事胚胎研究。1945年一度回国任中国生理心理研究所所长。1946年以后定居中国香港，任香港大学董事。晚年致力于中国民族性格特征的研究。1970年8月，郭任远在美国病逝。郭任远逝世后，美国《比较生理心理学》杂志破例发表长篇悼念文章，详细介绍郭任远的生平事迹和学术成就，反映了他在国际心理生理学界的地位。

金宝善，出生于1893年，浙江绍兴人。1911年考取官费赴日留学，先入千叶医科学校学习，毕业后入东京帝国大学传染病研究所专攻传染病学，并在生物制品部学习生物制品的制造技术。1919年回国，在中央防疫所任技师，用从日本带回来的菌种，制造出白喉抗毒素、免疫血清、牛痘疫苗等多种生物制品，是我国自制生物制品之第一人。1926 年 4 月，赴美国霍普金斯大学学习，获公共卫生硕士学位，1927 年回国。归国后，金宝善先后担任国民政府卫生部保健司司长、中央卫生实验处处长兼军医监理委员会委员、卫生署署长、卫生部次长等卫生行政领导职务。从 1934 至 1941 年连任两届中华医学会会长。1949 年以后，金宝善曾先后任中央卫生部技术室主任、参事室主任。1954 年任北京医学院卫生系主任兼保健组织学教研室主任、一级教授，同年当选为第二届全国政协委员，还兼任中国红十字会常务理事、中华医学会常务理事、《中华卫生杂志》主编，并主持筹建中华医学会卫生学会，任该会第一届主任委员。1984 年 11 月 11 日，金宝善病逝于北京。

三

从这 13 篇文章的内容来看，与社会工作专业相接近并且至今仍有现实意义的有 4 篇，即言心哲的《抗建期中社会事业实施的方针与步骤》、谢徵孚的《社会行政与社会建设》、高迈的《儿童保护与民族复兴》和李景汉的《社会调查与社会计划》。下面主要就这 4 篇文章的内容做一些解读。

言心哲的文章尽管是针对抗日战争时期的特殊社会背景来讨论社会事业实施的方针与步骤问题，但其内容却有普遍的适应性。第一，他探讨了现代社会事业兴办的社会价值，具体体现在六个方面，即能够作解决各种社会问题的依据，可以提高人民生活程度，可以促进社会公道，可以消灭社会乱源，可以协助社会立法，可以解除个人的痛苦。

第二，他归纳了社会事业的范围，应该包括下列各项：(1) 贫民救济事业(包括灾民、难民及乞丐的救济)；(2) 伤兵服务事业；(3) 劳工福利事业；(4) 儿童保育事业；(5) 社会保健事业，含社会卫生、公共卫生、心理卫生、学校卫生、工厂卫生、肺痨及其他疾病的预防、医院的社会事业和职业疾病的治疗；(6) 职业指导与职业介绍；(7) 妇女工作及妇女救济事业；(8) 民众娱乐事业；(9) 社会保险；(10) 犯人救济及感化实业；(11) 残废人服务及救济事业；(12) 精神病人及低能人服务及救济事业；(13) 衰老人救济事业；(14) 平民住宅；(15) 贫民贷款事业；(16) 家庭福利事业；(17) 拒毒事业；(18) 社会运动(合作、新生活、禁赌、节约、储蓄等)；(19) 民众教育；(20) 其他一切人民生活的改善及辅助。列举的内容十分全面，其中大多数直到今天仍是社会工作的业务范围。

第三，他指出举办社会事业的主要困难在于人才的缺乏以及团体组织的不健全。进而，言心哲提出了要确定培养社会事业人才的目标与方法。他将我国社会事业人才的培养目标设定为四个方面：须顾及社会的需要，须注意于社会事业高级人才的培养，须灌输现代社会事业的基本理论，须注意于社会事业专门技能的培养。在方法上，言心哲特别指出要注意课程的开设及教材的充实，这些都是最基本的方面。

第四，他还特别讨论了社会事业的经费来源和社会事业行政的组织问题。关于社会事业的经费来源，言心哲认为国家应多负统筹责任，私人捐助只能作为补充。关于社会事业行政的组织问题，言心哲认为要抓好社会事业行政机关的人事管理，并注意与外界的密切联络，特别是与卫生、教育等机关的相互联络。

谢徵孚的《社会行政与社会建设》一文，从社会行政对于社会建设的重要性方面进行了探讨。在民国时期，社会行政的含义与社会工作基本上是等同的，孙本文就说过："当时对于'社会行政'及'社会工作'两个概念，尚不十分加以区别。"[①]谢徵孚认为，社会行政的本质、目标、使命是与社会建设相同的，但范围是不同的，社会建设是多方面的，社会行政属于其范围内，是国家机关履行社会建设的一种权责，是社会建设一个最重要的推动机构。社会行政与社会建设的关系密不可分。虽说除了社会行政以外，社会建设还有其他方法与手段，但通过国家之力量运用社会行政手段推进社会建设要迅速得多、容易得多，力量和效果也大得多。谢徵孚的判断已为我国近三十年社会福利事业的发展所证实，但社会行政

① 孙本文：《当代中国社会学》，商务印书馆 2011 年版，第 190 页。

概念的外延要大于社会工作，因为社会行政有公共行政的一般特征，只不过突出了通过政府的计划职能、组织职能和控制职能对整个社会系统进行管理。如果说社会工作是在微观尺度上解决社会问题，社会行政则是在宏观尺度上推进社会福利事业。1942 年 7 月，在战时首都重庆由社会部主持召开了全国第一次社会行政会议，表明学界对政府在社会行政中为领导作用的认同。

高迈的《儿童保护与民族复兴》一文，着重于从充裕兵源、实现民族复兴的角度阐述儿童保护事业的重要意义。他首先指出："今日的儿童保护，不仅是昔日的慈幼事业，但昔日的慈幼事业确有光荣、悠久的历史。""今日儿童保护的技术，在求全民族身心的发展，唯有求全民族身心发展的儿童保护工作，对于民族复兴的绩业，才有伟大的贡献。"虽然带有明显的战时色彩，但高迈根据当时的社会法规和战时儿童保护工作的经验，提出了儿童保护工作要有新改进和战时新制作的命题，这是非常有价值的。他主张引进欧美先进的儿童保护制度和技术方法，实现中国传统慈幼事业向现代儿童保护事业的转变，这更是难能可贵的。

李景汉的《社会调查与社会计划》一改他此前多次表达过的观点，强调社会调查在社会计划制订过程中的重要作用。"先举行科学的社会调查，后作适合社会情形的计划，与先诊断病源，后开对症之药方，或先量足之大小，后作适足之鞋，是同样的道理。"通过这个通俗的比喻，李景汉重申他在河北定县进行县范围社会调查的经验，指出社会调查最重要的部分是县域的国情调查工作。他建议，健全县级调查机构，完善县级调查制度，提高县级调查的精确度，以便中央得到各类系统的资料，作为国家建设计划的根据。鉴于以往政府举办的社会调查存在贪大求全、浪费严重等问题，所以政府调查应先做那些急需的项目，在调查方法上要力求简单、经济。至于那些较为精密的调查，可委托给学术机关或大学的社会学系。

其他几篇文章，也各有其特点，简述如下。金宝善作为政府官员，对我国公共卫生事业的发展进行了回顾，并给出了未来卫生福利事业发展的一般意见，是很有实际意义的。何德鹤强调社会保险对于社会建设的重要性，当时社会保险的覆盖人群主要是劳工、公务员、军人和其他社会成员。他进而指出，保障人民的生活基础，维护大多数人的经济利益，不仅可以按照民生主义的要求保障人民基本的生活，也可以为抗战提供补给。如果社会保障体系崩溃，社会建设便成为空谈。作为心理学家的郭任远特别指出，心理改造在社会建设中具有根本性的意义，因为“中国国势的衰弱，物质上和技术上的原因还是其次，主要的原因完全在一般人民日常生活上所表现的阿 Q 心理”，“若单注意于物质方面的改造而忽略于心理之建设，结果必至危险”。张鸿钧更从县政建设的五种关系——横的关系、纵的关系、地方关系、历史关系、综合关系入手，对县政建设的方方面面进行了细致深入的探讨，是一篇兼具理论性与实践性的范文。

彭秀良

2018年10月

前　言

本书发行的动机，兹以最经济的篇幅申述如下：

第一，我国在这次抗战以前，曾有几种专门讨论及研究社会学与社会事业的定期刊物，但都早已先后停刊。据编者所知，迄今欲求一纯学术性的社会学及社会事业刊物，尚不可得。为弥补这个缺憾起见，故特发行此书，此后每年能出一本，使我们研究社会学及社会事业的人有自己的园地可以耕耘。

第二，中华民族在世界文化上所负的责任甚为重大，无论在哪一种学术方面，我们都有自己的责任。在抗战建国过程中的今日，我国社会学及社会事业界应负的使命，更不容多说了。社会学及社会事业对于抗战救国可能的贡献很大，举凡民族精神的发扬，公民意识的养成，民众团体的组织，乡村建设的推动，社会问题的解决，社会事业的兴办，公民生活的改进，以及人类共同体关系原理的探讨，等等，都与社会学及社会事业有极密切的关系。要使国人对于上述各点能够多加认识，似亦有发行此书之必要，因为这是我们研究社会学及社会事业的人大家的责任。

第三，值此非常时期，我国的社会变迁，比已往任何时期为迅速而剧烈，社会问题也比已往任何时期为严重而复杂；我们若要了解这些社会变迁的过程，社会问题的性质，等等，就要靠我们自己多多研究。我们已经很希望，从事这方面研究的同志，站在同一立场上来共同努力。

以上几点，就是我们发行本书的动机，不过同人能力绵薄，能否达到我们的期望，是没有把握的。深望全国文化界予以指导和批评，尤盼学术界的先进，不吝赐教。

最后，我们要说的，就是凡此次撰稿的各位先生，或在政府机构担任要职，或在文化机关担任教务及研究工作，都是十分冗忙的，而在十分冗忙之中，能给我们撰稿，真是荣幸得很。现在谨向各位先生特别申谢！

言心哲　谨识

二十九年五月一日[①]

① 即1940年5月1日。——整理者注（本书中的脚注均为整理者注）

目　录

我们需要的社会事业

（导言）

◎ 毛起鵕

一

社会事业在西方各国是一个新兴的事业，在中国只是一个时髦的名词，它的意义和范围在西方已经闹不清楚，在中国更引起许多误解。有人说，社会事业，就是慈善事业。社会事业的确渊源于慈善事业，各省市县设立的慈善机关，如老人院、育婴堂、妇女救济院等，都可以说是社会事业的机关。但是现代的社会事业，不仅以慈善事业为限，不含有慈善性质的事业，如公共娱乐、公共卫生、工厂检查、社会保险等，亦属社会事业的范围。有人说，社会事业就是宗教事业。西方的社会事业固然多由宗教家所发动，中国的慈善事业又何尝不含有宗教的色彩？但是现代的社会事业已非宗教家所能独举，今后的国家有不得不将私人经营的社会事业改由国家经营之势。有人说，社会事业是资本主义社会的事业，资本主义制度消灭之后，所谓不幸的分子将逐渐减少以至于无，社会事业即无办理的必要。这是一个极幼稚的见解，不值一驳。一向以社会主义为号召的苏联，即十分重视社会事业，可见社会事业不论在资本主义或社会主义的社会都是不可缺少的，所不同者，经营方式而已。又有人说，社会事业是承平时代的事业，战时要它无用。这又是一大谬见。我们姑且撇开历史上的和异地的战争不谈，单就中国三年来的抗战而论，若干与民族盛衰国家存亡有关的事件，如伤兵的救护、难民的救济和难童的教养等，即未曾做到"恰到好处"，其原因固不止一端，而究以专门人才的缺乏为最要，可见社会事业不论在承平时期或非常时期都是需要的。

二

然而社会事业究竟是一种什么事业呢？我们的答案是这样的："社会事业是在增进人类的幸福和提高文化水准的前提下，以科学方法调整个人与社会的关系，辅助其解决所受的困难，加以精神的与物质的援助与指导，并研究社会病态的根源，预防其发生，使人人能与现实适应的一种事业。"

这个定义有两点值得注意。一为举办的前提。各国的社会事业，因为大半是由私人或私人团体举办的，所以有不少的缺点：（一）动机不纯正，施衣施材，所以积德，修桥铺路，所以延年,这乃是"为人"者轻,"为己"者重;(二)目的不正确,救济不幸者,如仅为不幸者而从社会着想,则其目的自不免流于偏误,社会事业之不能发达,当以此为主因;(三)范围偏狭,举办者往往以一市一县或一村为限,鲜有愿到一省或全国者,以一种事业为限,鲜有从社会各方面作打算者;(四)时期上制限,举办者大都凭一时爱好,从事救济工作,为日既久,便淡然若忘,其举生献身于此道者,亦只以本人自身为度,人存政举,人亡政息;(五)功效稀微,各国的社会事业只能做到事后的救济,未曾顾到事先的预防,福利和进步的理想,更是谈不上了。今后的社会事业,如能改由国家办理,则往日的积习必能扫除。这是一个前提,必须认清。

二为实行的步骤和方法。一种事业,理想不妨高深,实行的步骤和方法均不可不讲。例如,我国《礼运·大同之治》章内所说的"选贤与能,讲信修睦","人不独亲其亲,不独子其子","使老有所终,壮有所用,幼有所长,矜寡孤独废疾者皆有所养,男有分,女有归","货恶其产于地也,不必藏于己,力恶其不出于身也,不必为己"等等的话,虽极其完美,但如何实行,却不易谈。现代的社会事业,不仅要有很好的理想,并且要有很好的实行方法。目前吾人所可努力者,有下列事:(一)将社会事业看作国家的事业,视其与内政、外交、财政、实业与教育等同等重要,设置专门机关,主管其事;

（二）以整个国家为社会事业的范围，不偏重都市，或乡村或一地方；（三）以社会各方面为范围，不偏重某部分事业，消极的救济固然重要，积极的预防尤不可不讲求；（四）设置各种社会事业专科学校，造就社会事业专门人才，各学校并附设实验机关，以求理论与实际之贯通。

三

最近中央将社会部改隶于行政院，与吾人对中国的社会事业所负有之热望完全符合，值得大书特书；不过一种事业在草创的时候，总不免遇着一些困难，这些困难，据一般人所能想像[①]的，不外（一）经费的不足、（二）人才的缺乏和（三）事业的不易确定等。在这三者之中，我以为第三点首先要注意，略陈鄙见如后：

（一）中国的社会事业必须适合国情。中国本来是一个产业落后的国家，中国的社会问题与西方迥乎不同，西方以劳工问题为社会问题的中心，中国则不然。中国又是一个新旧文化失调的国家，中国的社会病态和西方也不尽相同。中国的社会事业如果仅仅从工业劳动者本身上着想，将何异乎隔靴搔痒？有若干问题如民众运动，如民众组织，在西方或不甚重要，在中国则感觉相当严

① 现多写作“想象”。

重。这是我们不应忽略的事。

（二）中国的社会事业必须适合时代重要[①]。中国与日本的对抗，虽已经三年之久，而伤兵救护、难民救济与群众教养等事业，仍有待国家谋划改进。抗战期中民族意识的培养，民众运动的推进，抗战后战时服务人员的安插，婚姻问题的解决，似乎均值得社会事业专家的重视。

（三）中国社会事业必须适合各地方的需要。中国幅员辽阔，各地文化发展的程度不等，社会问题的内容也就不甚一致。北方的烟毒缠足，南方的食米习惯，城市中的卫生，乡村中的教育，皆系显著之例。各地方的需要既然不能一致，则各地方所办的社会事业似乎也就不必强其一律了。

人才缺乏我们亦有同感。中国的社会学在民国二十年[②]以前，曾经一度盛行。当时各大学先后成立社会学系，聘请专家讲授，社会学的译著，也产生不少；但是不到二三年，大学的社会学系，或裁或并，专攻社会学的人或改行，或失业。这是什么道理呢？我想到了两点。一为学科本身的缺陷。社会学为综合性质之科学，本不易读，讲授者往往以其所习之肤浅理论示人，而讲时援引之事例，又几皆与中国无关，学者实有学无所用之感，兴趣索然。

① 此处似有误，“重要”或为“需要”之误。
② 即1931年。

二为教育界的偏见。重“实”而轻“文”的教育主张,教育界几乎视为天经地义。抗战发生,民族意识,感觉薄弱,似亦未始非此种偏颇的教育主张所赐。社会学属于所谓“文”的性质方面的科学,久不为教育界所重视,但就国家的需要说,则此种科学,实有研究的必要。今后的社会事业既已由国家办理,则人才的训练不容或缓。至于人才如何训练,我以为应该从整理各大学的社会学系,和设立各种社会事业专科学校入手。我不希望全国各大学一律成立社会学系,我希望政府当局能就已有社会学系的大学加以整顿与充实。与社会学有关的学科,要尽量地开设,但名异的而实同的,则必须裁并。社会学专家要尽量罗致,但冒牌分子则必须剔除。每一个大学的社会学系,必须附设社会事业实验机关一所,各就当地需要选择一二事业作实验,切忌重复。工作务求深刻,切忌肤浅。毋蹈各地乡村实验事业覆辙。其尚未设立大学,或虽有东西,但尚无社会学系之地,则设立社会事业专科学校以代之。

关于经费问题,我认为并不十分严重,因为经费之为物,可多可少,多有多的用处,少有少的办法,但无米之炊,巧妇亦不易为。这是人人知道的事,不必多说。

四

最后,我们对于社会事业的专家们还要贡献一些意见。社会部成立以后,专家们提出的方案想必很多,此等方案,价值如何,成效如何,自必待实验而后知。但社会实验究竟与理化实验不同,理化实验的对象为自然,社会实验的对象为人,自然可以随意控制,人事却未便率尔操觚。实验工作,一次失败以后,在西方尽可重复,在缺乏科学素养的中国人民即予以不良批评,嗣后进行亦不免遭遇阻力。此应注意者一。中国的国情,既异于美国,复异于苏联,在美国或苏联实验有效的事业,在中国实验或许无效。我们办理的社会事业,要力求适合中国的需要,毋尚新奇,毋闹玄虚。他国的成效,作为借镜犹可,徒事效颦则不可。此为应注意者二。就目前情形说,我们应该以全副力量集中在下列各事:(一)伤兵的救护;(二)难民的救济;(三)难童的教养;(四)民众的训练与组织;(五)空袭灾害的救济;(六)平民住宅;(七)平民贷金;(八)拒毒;(九)节约与储蓄;(十)其他社会运动等。至于(一)社会保险,(二)家庭福利,(三)犯人救济与感化,(四)精神病人的服务,以及(五)各种个案研究等事业,似皆一时不易奏效,或则指定一二所学校负责研究与实验,或则留待将来办理,均无不可。此应注意者三。各种旧有的慈善事业,办理不善者固然多,著有成绩亦不少。上海南市教会设立的新普育堂,内中所设的育婴堂、老人院、疯人院和戒烟所等,即可为各地模范。专家们纵使没有新的建议,仅整理旧有慈善事业一项工作,已够社会部应付,此应注意者四。

以上意见，或尚嫌空泛，兹再举一实例，以证我说。记得在“一二八”事件发动的时候，某市社会局局长易人，该局长于接任之初，即宣示救济乞丐的伟见，事为好事者所闻，怂恿乞丐多人前往请求救济，舆论界每引为笑谈。救济乞丐，并非毫无意义，亦未曾毫无办法，特如何救济，事先不能没有精密计划，今乃托诸空言，焉得不偾事？这是一个有力的例证，希望专家们能够玩味一番。

三十，一，二十五[①]于重庆

① 标注的日期为1941年1月25日。

社会建设与心理改造

◎ 郭任远

被几千年传统的封建观念和习惯所笼罩的中国人，在思想习惯上，行为范型上，处处不能和二十世纪的新环境相适应，社会上所表现的种种落伍和羸弱的现象，政治上所反映的缺乏效率，以及贪污的行为，都基于这个原因。所以中国社会建设的问题，实则是一个心理改造的问题。换句话说，就是如何把中国人不合现代生活条件的思想型式和习惯系统加以改造，使之能适合现代生活条件的问题，兹举两个很简单的例子来说明：

遵守时刻是一种习惯，是生在现代国家的人所必须具备的一种习惯。无论是搭车、乘轮、赴宴或开会，都须准时到场，爱惜大家的光阴就是爱惜自己的光阴。但是中国式的教育，素来对于这一方面的训练忽视。因此一般中国人都缺乏准确的时间观念，和遵守时刻的习惯，脱班、误点、因循、拖延成为社会上普遍的现象。这些习惯都须应用心理的方法去改正过来。

时间的经济，为办事效率的一个重要条件。本来一天可以做完的事，放在中国人的手里做起来，连十天都做不完，这是中国目前行政上所常见的现象。这种现象，推原其故，固然由于我们中国人缺乏责任心所致，但中国人没有准确的时间观念，因此不能控制时间，亦为一个重要原因。

上面所举的例子，足以显示中国人在种种生活习惯上尚不能够适应二十世纪的现代环境，所以空谈社会改革的人，应该明白这一点，继能对于中国社会的病理，知所确切的诊断，继能对症下药去开列治疗的方案。中国的社会建设，是一切民族心理的改造问题，这是简单明白的事。只有把中国人的生活方式、思想习惯、行为范型，从头到尾改造过来，乌烟瘴气的中国社会，方才有彻底澄清的希望。

要改造社会，对于民众物质环境的改变，固极为重要，但心理上之改造，尤其重要。若单注意于物质方面的改造而忽略于心理之建设，结果必至危险。抗战以前，国内物质方面虽然有相当的进步，可是国人的思想习惯依然无多少改变，结果，物质方面的建设适足以增加一般人的欲望，消耗国家的物资，而贪污腐化之现象也因此而变本加厉。日本数十年来之所谓维新也是单单在物质方面努力,而其国民之心理,依然为封建时代所遗留的思想与习惯。所谓现代的日本,也不外乎是把几千万的人民加上一点现代物质的生活,而精神生活却和维新以前毫无两样,这数年来日本人在国内和国际上之种种野蛮行为,是一个当然应有的现象,是仅仅改造物质方面的机构,而不改造人民的习惯与思想所免不了的结果。

现代的日本是一个沐猴而冠的国家,是我们一个很好的“殷鉴”。我们最近数年来为在现代技术上吃了亏,更努力想改造中国的物质环境,建筑铁路和公路,建筑新工业、飞机、汽车、电气事业和其他的一切,都是要促进国家物质环境的现代化。可是另一方面,我们不但不努力改造中国人的生活习惯,而且时时有复古的趋势。物质环境要现代化,思想却要复古,这不是倒行逆施吗?万一社会上物质的改造有了相当的成绩,结果不是也要把中国变成一个沐猴而冠的国家吗?我们应该知道,中国国势的衰弱,物质上和技术上的原因还是其次,主要的原因完全在一般人民日常生活上所表现的阿Q心理。这个阿Q心理,就是中华民族数千年来积习不变的文化特质,也就是儒教的精华。中国数十年来被帝国主义侵略,都是这个阿Q心理使然。日本这次侵略中国之所以不能成功,也是因为日本帝国主义还未能脱离阿Q的心理。侵略者和被侵略者虽然在物质上和兵器上相差很远,可是从两国国民的心理上来观察，实是阿Q和阿Q相打。这一点我们须认识清楚。我们切不要忘记一切复古的运动实等于保存阿Q的心理，一切保存固有文化的主张，实等于复古的运动。中国物质的社会，经这次的战争已有极度的破坏。可是中国人的心理，却未因战争而改变，将士们整千整万地在前方牺牲他们生命，可是后方还有少数人，依然醉生梦死，麻木不仁，天天过着他们的阿Q生活。这实在给我一个很大的失望。

所以，我们若想要在这个时候改造社会，要建设一个新的中国，是不是可以单从物质方面着手？是不是可以不改造阿Q的心理，就可以成功？是不是可以一方面尽力于物质的建设，另一方面却提倡固有之思想和习惯？愿国人不要忘记我们日常生活的思想习惯，就是数千年来传统的封建思想，和农业社会的习惯，就是可以将“阿Q”的心理来做代表。殷鉴不远，我希望我们中国不要再来一个“明治维新”吧！

抗建期中社会事业实施的方针与步骤

◎ 言心哲

一、社会事业的重要

大家都知道，我们现在一面要抗战，一面要建国，要达到“抗战必胜，建国必成”的目的，必须从事于各种建设。总理的建国方略中曾将建设分为心理建设、社会建设、物质建设三方面。总裁[①]更引申其义，指示我们要建设三民主义的国家，应推行物种建设，即心理建设、物质建设、政治建设、社会建设与武力建设。可见建设的部门无论怎么划分，社会建设，是不可或缺的。新中国的改造，

① “总理”指孙中山，“总裁”指蒋介石。

必须多多努力于各种社会建设才能成功。社会建设的范围亦甚广泛，而举办各种社会事业，以改进人民生活，增加社会福利，实为我国战时及战后的要政之一。从个人及社会的观点或政府的立场来看，社会事业的举办，确为当前急务。就个人及社会方面而言之，自抗日军兴，战区范围日益扩大，有许多战区人民，扶老携幼，转徙各方，流离失所，贫苦无依，目击耳闻，至感悲惨。近因物价上涨，一般人民生活，亦莫不感受威胁。此类人民，若不予以救济，小则足以妨害地方治安，扰乱社会秩序，大则足以骗作汉奸，资人利用，问题之严重，实在不容忽视。从政府之立场言之，为党当局者莫不期望其人民为后盾，拥护政府，赞助政府，然何以能使人们拥护政府，赞助政府，始终为政府后盾？是则非赖人民对于政府有坚强之信仰不可。试就欧美各国之现状观之，吾人认为欧美各国政府博得人民信仰之方法固多，而要以造福民众为首要，其主要方式，则在提倡与举办各种社会事业，以减少人民之痛苦，提高人民之生活程度。所以现代国家，不论是资本主义的国家或社会主义的国家，莫不努力兴办各项社会事业以增进民众福利。盖此类事业，可以直接减少人民的痛苦，间接培养国家的元气。从此可知，抗战建国期间社会事业的兴办，是何等重要！今将现代社会事业的举办对于抗战建国的可能的贡献，略述如次：

第一，现代社会事业的举办，是利用较新的科学知识与方法来补救各种社会病态，且对于各种社会病态的发生，莫不穷本溯源，细察因果，所以对于贫穷、劳工、犯罪及疾病等，有较深切的认识，可作解决各种社会问题的依据。

第二，现代社会事业的举办，可以提高人民生活程度。中国一般人民的生活程度，向来就很低，目前物价高涨，民不聊生，生活程度就一天一天的显得更低了。此时如兴办各项社会救济及福利事业，那么，大众的生活程度，便可以平均地提高。

第三，社会事业的举办，可以促进社会公道。在现行社会制度之下，易使富者愈富，贫者愈贫，贫富日益悬殊，此种现象，多由于社会缺乏公道，救济不足之所致，社会公道为社会革命最终的目的。社会事业系用和缓的方法，来谋社会公道之申张①。

第四，社会事业的举办，可以消灭社会乱源。贫民之所以需要救济，乃以贫困的结果，必致扰乱社会秩序，妨害国家治安。贫民众多，可为大乱之源，涓涓不塞，将成江河。许多社会病态，甚至历史上的变乱，常因贫民众多而产生。若举办各项社会事业，不仅人民的生活程度可以提高，变乱的暗潮亦可无形地消灭。

第五，社会事业的举办，可以协助社会立法。现代先进国家，对于社会弱者的保护莫不订有种种法律，以期社会正义或公道的

① 现多写作"伸张"。

实现。社会立法是用法律的力量来解决社会问题的。社会立法与社会事业,互相为用,不可分离。

第六,社会事业的举办,可以解除个人的痛苦。救个人即所以救社会,救社会即所以救国家。盖社会系一有机体之组织,社会机构,脉络相通,人与人之间的相互关系,极为密切。社会一部分的机构,如有缺陷,其他部分的功用,必将因之动摇,所以救助个人即所以救助社会。

依上所述,可知社会事业的举办,直接可以帮助抗战建国,解决民生问题,实现社会建设;间接可以发展民族主义和民权主义,协助物质建设与政治建设,等等。社会事业对于新中国改造的可能贡献,由此不难想见。

二、社会事业的意义

何谓社会事业(Social Work)? 社会事业的范围,究竟应包括一些什么? 在未讨论本题以前,似有略为申说的必要。有人以为社会事业仅指社会救济事业或慈善事业,其实并不尽然。社会事业,一方面固然是用各种科学知识与方法,采取救济或感化的方式,以补救贫穷、疾病、失业、犯罪等社会病态;一方面还得要改良普通的社会生活及团体组织,以预防各种社会病态的发生。简单说来,社会事业是运用现代科学的知识与方法,办理各种社会救济事业，以免除个人当前的痛苦及解决社会当前的问题，消极地减少各种社会病态；同时，并要改进一般的社会生活，积极地预防各种社会病态的产生。其主要的目标，在调整个人及社会生活的共同关系，增进大众的幸福。故凡消极的社会救济事业与积极的社会福利事业，皆可包括在内。

社会事业的意义已略如上述，那么，所谓社会事业究竟应包括一些什么工作？实际地说来，社会事业的意义与范围，往往是随着科学知识的增进及社会情形的不同而变更的。对于社会事业的意义，欲求一□□而永远不变的定义，并非易事；对于社会事业的范围欲划一明确的领域，亦属不易，所以狄万(Devine)曾说："社会事业的范围是常常变更的。"需要被救济者之人数与需要救济之种类，社会机关之特殊任务，以及社会现状之性质各有不同。简言之，社会问题之形态、概况及其数量，各国不同，各地不同，即同在一地，亦复因时而不同。此外，公众对于社会问题之兴趣，社会事业领袖之品性与能力，经费的来源以及其他种种情形，无不足以影响社会事业的本身及其范围。……是以社会事业，时常发现新的需要及新的方法，对于社会生活，及工作状况改善的势力，常须有重要之变更。"【注一】今本狄氏之观点，就我国目前情形立论，作者以为抗战建国期间的社会事业范围应该包括下列各项：(一) 贫民救济事业[包括一般贫民、灾民、义民(即难民)及乞丐的救济等]；(二) 伤兵服务事业；

(三) 劳工福利事业;(四) 儿童保育工作;(五) 社会保健事业(包括社会卫生、公共卫生、心理卫生、学校卫生、工厂卫生、肺痨及其他疾病的预防,医院的社会事业与职业疾病的治疗等);(六) 职业指导与职业介绍(包括失业人民救济事业);(七) 妇女工作及妇女救济事业(包括娼妓与婢女救济事业);(八) 民众娱乐事业;(九) 社会保险;(一〇) 犯人救济及感化事业(包括出狱人保护、监狱假释及法庭试释等工作);(一一) 残废人①服务及救济事业[包括一般残疾人、荣誉军人(即残废军人)救济事业];(一二) 精神病人及低能人②服务与救济事业;(一三) 衰老人③救济事业;(一四) 平民住宅;(一五) 贫民贷款事业;(一六) 家庭福利事业;(一七) 拒毒事业;(一八) 社会运动(如合作、新生活、禁赌、节约、储蓄等社会运动);(一九) 民众教育;(二〇) 其他一切人民生活的改善及辅助(如衣、食、住等各方面)。

依上述的大纲,其中有数项(如公共卫生与民众教育等)似与其他现有机关的工作,不免重复,社会事业不免有侵犯他人园地之嫌,但此类工作如能与社会服务互相联络推行,功效将更易显著。此点容后再为申论。

---

① 这种说法在今天看来可能缺乏人文关怀,现一般使用“残疾人”一词。
② 这种说法在今天看来可能缺乏人文关怀,现一般使用“智力障碍者”一词。
③ 现一般使用“老年人”一词。

三、实施的方针与步骤

社会事业的范围，略如上述，以我国目前各项社会事业专门人才的缺乏，经费的困难，组织体系尚未健全的建立，上述各种社会事业势不能同时举办，否则若遭失败，易使人民及社会对于社会行政机关失掉信仰，而予社会事业前途以莫大的不利。再则中国的社会经济等情形与欧美各国，不能相提并论，中国一切社会事业的举办，须顾及本国的民族心理、社会状况、经济环境和文化背景，等等。换句话说，我们要实事求是，不可一味好高骛远，专事抄袭外国方法而不顾本国的实情。即在平时，中国的社会经济等状况，与欧美各国相比已大有不同，况值抗战时期，情形更有显著的差异。因此，中国社会事业的举办，不可不先有既定之方针与步骤，循序渐进，有条不紊，方易收效。方针与步骤既定，然后对于人才之训练，经费之筹集，行政机构之调整与管理，方法技术之改善，庶几有所遵循。今试先论方针，为后及于步骤等等。

现今我国之谈社会事业，好以欧美各国情形相比拟，吾人须知，欧美各国社会事业之得有今日，不是偶然的。他们之所以有如此优良成绩，是经过很长的时间及多少人的努力而来的。今试以中国的情形与美国的情形一比，便可知中国当前社会事业采取的方针，就应与美国有些不同。

中国现在继续抗战时期，社会服务的情形与美国所处的和平盛世，不可同日而语。美国的社会事业，是在注意如何延年益寿，如何讲求卫生。目前中国的社会事业，恐怕只能注意到如何救命，如何止痛。虽然大家都知道积极的福利事业是要比消极的救济事业还要重要，但是，因为经济情形的不许可，加上人才的缺乏，积极预防事业的兴办，在目前大概不是一件易事。我们最近不是常常看见、听见各学校教职员，及学生的营养都要发生严重的问题吗？学校如此，其他社会方面，亦莫不是百孔千疮，有目共睹。一般人民目前所需的是一种救急之药或止痛之剂，痛止了然后才可谈到除病，病好了然后才能请求摄生之道或长寿之方。现在中国人所急需的是止痛，美国人所讲求的是长寿，政策完全不同，方针亦自有异。所有在中国举办社会事业的人，要有临机应变及救急的本领才行。职是之故，当前社会事业的举办，鹄的不能悬想过高，方案之拟订，计划之推进，要顾到本国现在的实际情形。

其次，中国的政治，不像美国那样上轨道，一机关之创立或改组，多少不免要受政治的影响。用人行政亦当不能脱离此种羁绊。机关的不稳定，关系事业的推进极大，因为政策的变更，人员的更换，是每足以影响事业的本身的。

此外，中国与美国举办社会事业的不同之二，就是，美国的社会事业，已有悠久的历史，从事社会事业者大都富有“职业精神”，同时，与社会事业教育机关相联络，关于训练研究和修养等亦互相协助，此种互相联络、互相协助之“职业精神”在中国今日尚未形成。社会事业人才既深感缺乏，社会事业家的职业精神和强有力的结合或团体，自无从产生，社会事业科学化的舆论，当亦难期普遍。而在美国，社会事业家不仅有坚强之结合，即与各种社会机关及学术机关亦有密切的联络。例如，美国社会事业人员联合会及全国社会事业大会、社会事业学校联合会，皆成为强有力的团体。此因美国的社会事业较为发达，社会事业的历史较长，人才很多，他们在校毕业后，即很自然地加入社会事业界及其他有关的团体，他们在团体之中，对于工作方法及学术研究等，不时切磋琢磨，互补长短，团体之中如有不良分子破坏会中信誉或有害社会时，得随时取消其资格。他们在消极方面，随时互相控制，而在积极方面，亦常互助合作，而在中国已往受有此类训练者，往往各树一帜，不仅不易得到同志之协助，亦且易受他人之攻击，有时因为个人利害的关系，受有新式训练的人，不见得就会受旧有势力所欢迎，甚至反要受排斥或攻击。在这种情形之下，即无所谓职业团结或职业精神，更无所谓职业舆论。我们知道社会学是与社会事业有密切关系的，现今美国社会学界与美国社会事业家，已有密切的联系，社会事业年会分组讨论社会学，社会学年会亦讨论社会事业，但二者之关系，至今还有许多不大明了，这一点，即在美国亦会有不幸的经过及误解，此种经过与误解，希望我国能予避免。十九世纪初叶，美国社会事业专门学校之创办，不是教育机关，而是社会事业机关，这是因为当时各大学行政人员的态度，对于新的而没有相当成绩的如社会事业，不愿轻易尝试。此外，还有一个原因，就是，当时美国社会事业家和社会学家意见分歧，甚至彼此互相攻击。社会学家以为从事社会事业之人员，终日忙于救济事业，无暇顾到高深的训练，对于所举办的社会事业，只知其然而不知其所以然，其所得材料亦每不能作为社会研究之资。而从事社会事业之人员亦每以为社会学家只知崇尚理论，专事空谈，无补于社会事业的实施。直到后来，双方都感觉到理论与事业，均有互相调剂及融会贯通之必要，因而教育机关对于社会事业人才的训练，渐加重视。美国波士顿社会事业人员训练学校（The Boston Training School for Social Work）创立于一九〇四年，是在西门士学院（Simons College）与哈佛大学（Harvard University）管理之下。约在同时，又创立了一个独立的纽约慈善学校（The New York School of Philanthropy）即现今之纽约社会事业学校（The New York School of Social Work）。据一九三七年美国社会事业学校联合的调查，美国及坎拿大[①]共有社会事业专门学校三十九所，其中三十二所

① 今译为“加拿大”。

已与大学合并。未合并之学校中,其中也有半数与大学发生联系。一九二七年美国社会学社在华盛顿京城开会时,曾分组讨论各种问题,其中有社会学及社会事业组,社会事业人员参加者甚多,他们莫不感到社会学与社会事业有深密之关系,因之美国各大学的社会学系以及社会事业学校的当局都觉悟到合并办理的重要。其主要原因为:(一)社会事业学校课程,往往偏重实用,如果和大学社会学系的理论课程联系起来,可使学生能够比较各方面的见解与主张,以期理论与实际沟通,如此,对社会问题,能有更明确的认识;(二)可提高入学程度,因为大学的入学试验较严,程度较低者不能考入;(三)大学开办社会事业学院,则其地位当与文法等学院相等,可提高社会事业人员的职业地位;(四)若二者合并办理,可节省行政经费及其他手续等。现今美国之社会事业学院(或称社会幸福学院,或称社会服务行政学院),不仅授予学士及硕士学位,且已授予博士学位矣。

就以上所述各点,可知中国举办社会事业的主要困难在于人才之缺乏,及团体组织之不健全。吾人所谓人才,不仅指学理上的准备与技能上的熟练,尤其要紧的在于办事及服务的精神。以上所述我国办理社会事业的困难,或由于缺乏办事及服务精神之所致。办理社会事业的人所需要的人格上的修养固有种种,而尤以为仁不倦,见义勇为,肯牺牲不怕苦为首要。有些从事社会事业者,每把个人的利益摆在前面,民众的利益则置之脑后,我国过去社会公益事业之所以不易发展,原因大都在此,因为一种公益事业的举办,私人的利益若考虑得过于周密,社会公益事业是绝对难以发展的。无论何种事业的兴办,物质的充裕,固甚重要,而精神的贯注,尤为重要,因为有时物质上的欠缺,常赖百折不挠的精神来克服。所以社会事业家,一方面要有他的经验和技术,一方面要有他的健全的人生哲学——即推己及人与仁民爱物的人生哲学。从事社会事业者对于别人的生活,应常发生浓厚的兴趣,且当运用丰厚的社会知识与活泼的想像能力,设身处地去体验别人的生活环境和心理反应等。要使这样的社会事业人员增加,一方面须注意学校之训练,一方面还赖有人能够以身作则为民表率,造成一种社会风气。

基于上述的种种原因,吾人以为我国现在举办社会事业的方针及步骤,必须先注意于人才的培养,有了人才以后即可试办某种社会事业,试办以后,有了良好的成绩,再行推广,扩大至于全省及全国。但如人才没有把握,就不可贸然尝试。

本来任何社会事业的推动,人才、经费、组织与方法四者均为不可缺少的条件。为什么我们把人才的培养作为举办社会事业的首要步骤?理由就是,经费是由人筹措的,组织是由人创成的,方法也是由人想出来的。我国以往社会在社会事业上所用的经费不为不多,而因人才的不够,组织的不健全,方法的不完善,以致效果不甚显著。欧美各国的社会事业,成绩之所以优良,原因固多,而注意社会事业人才之培养,实为其中重要原因之一。从事社会事业者,大都受有专门的训练。社会事业,早已获得专业的地位,社会事业教育,久已被视为大学教育或高等教育之一部门,此外,并有特设之专门学院,努力于此类人才之培养,现今各种社会事业机关与教育机关的联系较前更加密切。由此可知,欧美各国的社会事业所以能够办理得井井有条,盖非偶然。诚以各种事业,莫不有其特殊状况,惟有专心致志,埋头苦干之专家,朝夕不懈,努力不断地运用其科学方法,从事实行与研究,方能明悉其中之底细。我国旧日传统观念,每以为慈善事业,只要有些余力及好心好意来作好事的人,谁都能办,好事只要有钱,谁都能作,但是现代社会事业,就不像那样简单,非有专门训练与专门知识,是不易于胜任愉快的。

吾人以为培养社会事业人才的初步方针,应注意于事业人才训练的目标及方法。目标若不确定,即难谈到训练的内容;方法若不妥善,内容即无由充实。是以社会事业人才的培养如同他种人才的培养一样,要有适合的目标及确切的方法,方能收美满的效果。就管见所及,我国社会事业人才训练的目标,第一,须顾及社会的需要。需要何种人才就训练那一种人才,这样才能使人事调剂。我国目前有许多社会事业,大多感觉人才的缺乏,而社会事业机关又不与国家的教育机关构成一种有连锁的有机的关系,这是一种矛盾现象。第二,须注意于社会事业高级人才的培养。社会事业高级人才,在中国目前,颇感缺乏,主持社会事业教育者,应特别注意此类人才之训练,使其能领导社会团体,诊治各种社会病态。他们不仅要明了社会的心理,并要知道社会组织的演进以及社会变迁的历程,且常能设身处地地将自己当作一个被诊治的分子,从社会生活中达到用科学知识改造社会生活的目的。社会事业机关行政的管理与执行,设计与实施多赖此类人才为之推动。第三,须灌输现代社会事业的基本理论。社会事业人才,在学理方面,要有充分的准备,社会科学方面的基本知识,如社会学、政治学、经济学、法律学、历史学等,固应加以训练,他如社会事业概论、社会问题、社会病理学、社会心理学等,亦须加以修习,使其对于各种主要的社会科学均有相当的基础。现代各种社会问题发生的原因错综复杂,要想了解并找出有效的解决方法,必须对于各种基本知识有深刻的研究。第四,须注意于社会事业专门技能的培养。现代社会事业,贵务实际,不尚空谈,无论在消极的救济事业方面或积极的福利事业方面的设计与推动,均赖专门技术人才为之担负,是以社会事业人才的培养,除灌输各种基本科学的原理原则以外,应特注重于各种实用技术的传授,诸如社会事业行政、社会个案工作、社会团体工作、社会调查、社会统计、社会研究、社会立法、社会保险、公共卫生、监狱改良、劳工福利、工厂检查、儿童福利等,均应加以注意。现在美国社会事业教育对于上述之传授,内容力求充实,程度日益提高。我国当前社会事业人才的培养,虽不能希望如美国之完备,但亦宜渐渐提高被训练者之技能,矫正已往之错误观念,将来社会事业的举办,庶可收事半功倍之效。第五,须使被训练者能独立担任社会研究工作。社会事业高深的研究,工作甚为繁重,非有良好根基的人难以胜任。我国各项社会事业甫在发端时期,各项问题莫不有待于高深的研究。社会事业人才的培养,一方面须注重于行政人才及专门技术人才,一方面应根据研究实验的基础,多多培养能独立地担任研究工作的人才。两者之关系,有如车之两轮,相辅为用,行政与技术人才愈多,则研究实验之效果愈著;研究实验之效果愈著,则训练之内容或教材,亦将愈见其充实。第六,须使之有深入民间,服务社会的精神。我国人民贫苦者居多,从事社会事业者,如果没有吃苦耐劳的身体与精神,亦难望其有所成就,所以我国社会事业人才的培养,必须磨砺青年有深入民间、服务社会之精神。

以上所论,系就社会事业人才培养的目标而言,至于在方法上,吾人以为须特别注意课程的开设及教材的充实。现在欧美各大学中之社会学与社会事业系及社会事业专门学校,所开设之课程,除普通基本科目外,大都有下列课程:(一)社会事业概论;(二)社会事业史;(三)社会个案工作;(四)团体工作;(五)儿童幸福事业;(六)犯罪及其社会诊治;(七)贫穷与救济;(八)医院社会事业;(九)监狱改良事业;(一〇)农村社会事业;(一一)娱乐及体育事业;(一二)精神病社会事业;(一三)社会事业行政;(一四)劳工问题;(一五)公共卫生;(一六)少年男女社团事业;(一七)社会调查;(一八)社会统计;(一九)社会研究;(二〇)社会立法;(二一)少年犯罪及诊治;(二二)社会保险;(二三)合作运动;(二四)专题研究;(二五)实地工作。

以上为以社会事业为主系者必修或选修之课程。学生如获得学士学位以后,如欲再作进一步之探究,可入社会事业研究院,修习硕士或博士科。研究院之功课,除侧重自动研究外,常设有下列各种课程:(一)高等社会事业;(二)家庭个案工作;(三)高等医院社会事业;(四)高等监狱社会事业;(五)犯人试释及假释事业;(六)高等精神病社会事业;(七)高等娱乐事业;(八)人事管理;(九)工厂检查;(一〇)劳工立法;(一一)社会研究;(一二)高等社会改良事业;(一三)专题研究;(一四)实地工作。

现在我国师资与教材,均甚感缺乏,欲开设如上所述各项课程,当属不易,但亦不妨按实际情形及社会需要,酌量开设,至于教材方面,除利用外国资料而外,亟宜搜集本国资料,编纂课本,以供学生阅读，据作者看来，专门著作能作大学课本者一时恐不及编辑，但亦须有计划。吾人以为，此时应即集合全国对于社会事业有兴趣之专家、学者，以有计划的方法分别编辑一种切合目前需要之社会事业图书，其中应有下列各种：(一) 社会事业概论；(二) 社会事业史；(三) 社会立法；(四) 社会保险；(五) 社会个案工作；(六) 社会调查；(七) 社会统计；(八) 儿童保育事业；(九) 贫民救济事业；(一〇) 犯人救济及感化事业；(一一) 公共卫生；(一二) 心理卫生；(一三) 劳工福利事业；(一四) 家庭福利事业；(一五) 妇女工作及救济事业；(一六) 职业指导与介绍；(一七) 拒毒事业；(一八) 社会运动；(一九) 医院社会事业；(二〇) 精神病人服务事业；(二一) 民众娱乐事业；(二二) 工厂检查；(二三) 社会事业行政；(二四) 住宅问题；(二五) 其他。此类社会事业图书之编纂，尚属草创，难期完善，但不有开始，终无成就之一日。

至于社会事业人才培养的机关，吾人则以为教育部应即创立一社会事业专门学校，注重高级专门人才之培养，并成立若干社会事业专修科(如现今之统计专修科或会计专修科之类)，以应目前之需要，此类专修科，可暂时属于各大学之社会学系。关于师资的培养，当然非一蹴可成，有下列数点，应当注意：

(一) 高等考试应加入社会事业一门(或称社会行政)。

(二) 留学考试应列入社会事业一门。

现在国内愿意从事社会事业工作与研究者并非无人，而常以缺乏研究经费及设备经费，无由着手。又因此类工作之待遇较低，社会评价又不甚高，以致青年裹足不前，甚至有原来从事社会事业，而因此改业者，此或由于社会一般人士，不明社会事业的内容及性质之所致，故愿意协助者不多，而因待遇不厚，以致不愿继续者，当亦不乏其人。吾人以为，此后科学化的社会事业的发展，一方面要渐渐提高其训练程度，一方面要改善其待遇，使其能仰事俯蓄，安心工作。此外，请求社会热心人士捐助社会事业研究费及奖学金，定能吸引一些优秀而贫寒之学生，从事于此类之研究与工作。此种捐助，在欧美各国其例甚多。根据美国社会事业人才训练的经验，欲得优良之学生修习社会事业一科，用津贴或其他方法，予以经济的援助，极为有效。

就过去的事实看来，我国负有高等教育行政之责者，对于社会事业人才之培养，尚未加以注意。犹忆两年前，临时全国代表大会通过之中国国民党抗战建国纲领，关于教育方面，计分四点：(一) 改订教育制度及材料，注重于国民道德之修养，提高科学的研究与扩充其设备；(二) 训练各种专门技术人员，与以适当之分配，以应抗战需要；(三) 训练青年，俾能服务于战区及农村；(四) 训练妇女，俾能服务于社会事业，以增加抗战力量。上述数点，莫不与社会事业有关。社会事业既被认为一种专门教育，则其制度与教材，自应随时代而改进。提高社会事业的研究与扩充其设备，亦当兼筹并进。社会事业是一种专门技术，从事社会事业的人员，是一种专门技术人员，此类专门技术人员，在平时固应加以利用，而在战时尤当予以适当之分配，以应抗战需要。农村服务及乡村建设事业，为年年国内许多社会学者，及社会事业家努力的主要工作。至于训练妇女俾能服务于社会事业，无论在战时及平时，都极重要。美国从事于社会事业者，四人中有女子三人；德国从事于社会事业者亦多为女子。此或亦我国今后女子教育应努力的一种趋向。

以上系就社会事业人才方面，略为论列，今再进而讨论社会事业的经费问题。任何社会事业的举办，都需要经费。事业规模大小常以经费的多少为转移。经费之多少，实为一机关成败之关键，而以社会事业机关为更甚。办理社会事业，经费若无着落，最易使人浪费时间精力，而得不到效果，所以在举办任何社会事业之前，经费问题应有精密的考虑。有人以为只要事业重要，机关有了组织以后，自然就有办法，这是不尽然的。社会事业的兴办，自主持及提倡的人看来，当然极其重要，若是人人都有同样的看法，经费自不成问题，可是实际的情形就不然了。每逢一种新社会事业的创办，少数人的情绪非常热烈，而一般人视之，则多漠不关心，不加援手。就是有些热心社会事业的人，激于一时的义举，创办某种社会事业，拟章程，发刊物，登报宣传，请人参加，轰轰烈烈的，大家非常地忙碌。从表面上看来，似乎十分紧张，及至时过境迁，就无人负责，甚至以后连发起人都看不见了。像这样的来办社会事业，一定是没有好结果的。

社会事业的经费，不外出自国家的赋税，由于私人捐助，由于机关本身的收入以及会费数种。我国今后之社会事业经费，究应采用何种方针或利用何种来源较为可能？中央政府，与地方政府对于社会事业经费的支配，又当甚样？吾人以为下列几点，殊值考虑：

一、各地方有慈善公产，为数颇巨，如能加以整理或使之生产，每年收入，当为不少，可专供地方社会事业之用。

二、从所得税抽出百分之若干，作为中央社会事业之经费。

三、从遗产税抽出百分之若干，作为中央社会事业之经费。

四、□□□□□□□□□□□□□□□□□。

五、举办合理的募捐运动。

六、由政府发行定期社会福利债券。

七、各省各县的社会事业经费，以由地方负责为原则，但遇必要时，得请求中央补助之。

中国社会经济情形落后，加以一般人民的公益观念缺乏，欲使人民对于社会事业经费多加捐助，至为不易。吾人以为，今后之社会事业经费，国家应多负责统筹。现代先进国家之社会事业经费，出自国家之赋税者日多一日，此不仅民主主义及社会主义的国家为然，即法西斯主义的国家，亦复如是。就美国而论，社会救济事业经费出自国家的赋税者要占百分之九十，由于私人之捐助，不过百分之十。

此外，社会事业经费问题的本身，有关于预算方面的，有关会计方面的，有关于物品的采购与保管方面的，有关于经费的劝募及保管方面的，皆甚重要，但本文限于篇幅，不克详加讨论。我国今后之社会事业经费，一方面固赖社会人士的热心赞助，一方面国家须确定的款，使其成为国家重要的岁出之一。社会事业的经费无论是由于私人捐助或出自公帑，皆必须谨慎使用，不可丝毫浪费。欲达到上述目的，所以必须注意下列数点：

一、经费的筹募，要有计划，有系统，不宜过于零碎。各地社会事业经费的捐募，必须先获得最高主管机关的许可，且须据实呈报其数目及其用途。

二、经费之保管，必须交与可靠之人，最好组织一保管委员会，慎选有资望之人负责主持。

三、会计收支与物品采购及保管必须有严密之计核，务使丝毫不苟，一文不致浪费。

四、审计监督，须重实际，欲期此种制度完备，可聘请专家协助。

五、经费的分配，须按照实际需要，务期公正无偏。

六、凡遇有营私舞弊者，政府必须按着情节之轻重，分别予以处罚。

社会事业的举办，人才与经费固甚重要，但社会事业机关若无良好的组织与管理，其行政效率必将大受影响。是以欧美各国的社会事业机关的组成，日求严密，管理日求科学化与标准化，此因社会事业的活动范围日益扩大，科学知识日益进步，故社会事业日形专门化技术化。欧美各国的社会事业行政家及学者，近多有潜心致力于社会事业行政者。其研究与探讨之范围，涉及机关的行政组织，机关地点的选择，机关房屋的设计与建筑，机关的器具的设备与布置，行政事务的处理（包括：文牍的处理，函件的传递，档案的处理，交通的管理，以及其他杂务，如膳食工役等管理），机关的人事管理（包括：机关人员的遴选，人员的训练，人员的分级及供给制度，人员的升迁与调换，人员的考核与奖惩，人员的退休与抚恤等）。凡此种种，无一不影响机关之行政效率，此皆从事现代社会事业行政与研究者，不可不加以深切注意之处也。今因限于篇幅，亦只能择其要者，略论于次：

以上所述关于社会事业行政各点，似均重要，其中尤以行政组织（即行政架构）及人事管理更为重要。社会事业人员需要训练固矣，然纵有训练，而无灵活之行政机构及合理之人事管理，为之运用，亦终无由达到“人尽其才”之目的，今先略论社会事业机关的行政组织，然后及于社会事业机关的人事管理。

社会事业机关行政组织上最重要的问题，即为一机关统率指挥之权力及责任，究应委付于一人负责以执行之，或委付于数人负责以执行之。前者在政体上所谓“专制”或“独裁”制度，后者所谓“民治”或“共和”制度，二者之利弊得失，各有不同，孰优孰劣，且亦常为行政管理上争论的问题。社会事业机关行政的性质，国家的普通行政，似略有不同。独裁制在普通行政上或小规模之企业上有时效力颇大，但此未必适宜于社会事业机关。并且有许多人相信，社会事业机关的责任，若非共同来担负，行政方面欲收美满的效果，大概是不容易的【注二】。社会事业行政机关的本身组织，通常不外会长制、委员制或会长与委员混合制与会员制数种。此外尚有董事会及顾问之类。

会长制之权责每集中于会长一人之手，会长不仅在事务上负推行之责，而在政策上亦有决定之权，其对内对外职责之重大，自不待言。有果断、有能力之会长，对于一机关行政之推动与夫事业之发展，关系甚巨。

委员制之组织，通常由若干人合组而成，而其组成，可分为：(一) 以其全部时间供职于一机关，支给全薪者；(二) 以一部分时间供职于一机关，不支薪金，或仅支一部分之薪者；（三）由供职于他机关之官吏组成之者；（四）由前数种合组而成之者。上述几种委员制度究以何者佳，须视事业之性质及工作情形而定。大体言之，委员制之缺点在于责任不专，尤其是聘请一些不支薪之名誉委员，欲望其重视职务，颇属不易。

现今各国社会事业机关的行政组织，多倾向于会长与委员混合制。在此两种制度同时并存时，在何种情形之下应采用会长制，在何种情形之下应采用委员制实为极堪注意的问题。大致说来，凡社会事业之属于执行性质者，以会长主持为当，盖因其责任确定，权力集中，行政上无彼此牵制、互相倾轧之弊。凡社会事业非属于执行之性质者，如政策之考虑、法规之厘订等，则以委员制为宜，因此可以博采众议，集思广益，收效自大。不过，采用会长与委员混合制时，有一重要问题须加以考虑者，即同时采用两种不同制度，如何使之和谐进展，不相冲突。解决之道，须同时树立两个不同的权力机关，一为议事机关，一为执行机关，两者应在规定之权限内各尽其应尽之责。

社会事业机关的行政组织，固为重要，然对于人事行政方面，若多疏忽，社会事业的举办，必难有效推进。所谓“人存政举，人亡政息”“为政之要，首在得人”皆所以说明人事行政之重要。人事行政，或称人事管理，有他整套的应用技术，为现代任何机关，至为重要,而且极为复杂的问题,是以人事行政在行政学上已视为一种专门的研究或科学。此不仅在政府行政机关为然,即在各种工商组织、社会组织、社会机关,人事管理一项,均极重要。社会事业机关人事亦甚复杂,非有健全机构统筹办理,亦难望发挥其效能,是以欧美较大之社会事业机关,常有人事管理一科之设立。主持其事者,大都为办理人事管理富有经验之人,我国已往之主持社会事业者,很少有人注意到这个问题,此后如欲求人事的调整,应该有一个开端,在开始的时候,不妨多多参考中外各种机关人事管理之现状,为社会事业机关建立一个新的基础。

从来谈人事行政者,莫不首先注意于人才之甄拔,此因人事方面,能否获得圆满的解决,全视所选用之各级人员,是否称职以为断。社会事业人才供给的来源,不外:(一)由私人方面推荐;(二)由职业介绍所介绍;(三)登报征求;(四)向学术机关征求,以及自动申请等。如需要之人数过多,似宜利用各种来源,再加以慎重之选择。无论利用何种来源,下列遴选人员的步骤及方法似均应注意,即:(一)填写登记表;(二)会谈;(三)参考其他资料;(四)测验;(五)工作分析(Job Analysis)。工作分析的意思就是将个人及工作两方面加以详细的研究、分析,看看个人与其所操之职业,是否适合。工作的分析,是人事管理方面最基本的工作,他的好处有数点【注三】:(一)征求人才的时候,须有一个工作内容的标准，知道需要何种人才，担任何事；（二）叙薪叙级的时候，可以按照工作之繁简，及责任之轻重而核定，不至于有不公平之结果；（三）人员的调动，可依本人工作的兴趣来调整，而不至于人与事有不相称的流弊；（四）考绩的时候，可依工作内容客观的标准而考核，而定奖惩，不至因主管长官的主观成见，而有不公平的赏罚。人员选定之后，可先予以试用，如系重要职务，可暂予以代理，俟经过相当时期，再予以正式任用。我国今后的社会事业机关，如能顾到环境的力量，将这一套管理人事的技术，加以运用，我想对于我国社会事业科学化的前途，定有很大的帮助。

举办社会事业的方针，一方面要加强机关本身的组织，一方面要注意外界的密切联络。社会事业的种类颇多，要使各种社会事业机关办理得有成效，彼此互相联络与合作是非常的重要。严格地说来，没有一个社会事业机关可以单独地存在。即在较小区域的社会机关，要使其效率增高，组织健全，亦有联络与合作的必要。至于在较大区域内，如大都市社会机关林立，彼此的活动及工作使无相当联系，其工作效率必将因之减少。所以任何社会事业机关的首要任务，除将机关的本身工作，加以有效之推动外，对于其他机关的联络与合作，必须互相负责。要使一机关之本身工作推动有效，惟有多与性质类似之机关联络与合作，方能收美满的效果。有人曾谓："一个社会机关的成就，乃地方计划成就之一部，任何机关及工作人员，如不明了其他机关工作的关系，可谓完全误解了社会机关成就的意义。”【注四】今试举一例，说明社会服务机关与卫生机关联络与合作之重要如下：

一个人得了病以后，他所最需要的自然是医生的诊断与治疗，同护士的照顾，但是仅有医生的诊疗及护士的照顾，病人的病根，能否永得解救，当然是有问题的。换句话说，治疗一个病人，医药固然需要，但是他的需要，决不止此，因为有许多病人之病因不完全是属于生理方面的，生理而外，他们的生活环境、职业状况、心理情绪，每为促成疾病的重要原因。这些重要原因，若不事先或事后加以改进，单靠医生和护士将眼光注射在病人的身体上，病因一定仍旧存在，即使一时的痛苦得以解救，但彻底的治疗，还是谈不上的。例如，我国农村一般人民之所以易于得病，常因环境的不卫生及卫生知识缺乏之所致。又如一个都市的劳力工人，每因经济的压迫，投入污秽的工厂拼命作工，终久不能不得病。像这样的病人，倘使不在生活环境及职业状况上得到解救，徒然“头痛医头，脚痛医脚”，真正的病源，永久是不会解脱的。进一步言，即令其生活环境与职业状况，不是他们得病的主因，而不良的生活及职业环境总是治疗上的阻碍。还有许多病人要能从速治愈，必先完全停止工作，改良食品，才有复元的希望。更有许多疾病，如心脏病、肺痨病等，必得有长期的休养，方能有效。但此种情形，医生虽然言之谆谆，可是病人因生活环境的影响，及职业状况的关系，不能一一照办，结果，往往致于死亡。那时，医生和护士也并非不知生活环境及职业状况，对于病人的身心，有密切的关系与互相的影响。他们也并非不知，在医疗病人时，只顾到病的本身而不问其他，绝难达到完满的治疗目的。但是他们终日忙于处理分内的任务，无暇再去访问病人的家庭及其经济、心理等情形。因此，才觉悟到，卫生工作非与社会服务互相联络推行，不易收到预期的效果。上述情形，大约在十九世纪的时候，就有人感到，以为疾病的治疗，专靠医生和护士，是不易收美满效果的。医生和护士以外，尚需要第三者协助，帮同治疗病人。是以须于医生、护士之外，聘用一种社会服务人员，对于病人之生活环境及职业状况、经济和心理等情形加以详细的诊断以后，再采适当有效的医疗方法。于是所谓的社会诊断(Social Diagnosis)，社会个案工作(Social Casework)或医院社会服务(Hospital Social Work)，或医药社会事业(Medical Social Work)，就从此应运而生了。

以上是从卫生工作方面，说明社会服务人员的重要，而社会服务工作方面之需要卫生工作人员的协助，亦不亚于卫生工作人员之需要社会服务人员协助的。大概地说来，卫生工作与社会服务的性质有些相同，也有些不同。相同之点，就是：(一)都是由治疗走到预防，卫生工作，已往专重治疗，今则已渐注意于公共卫生一类的预防工作，社会服务，已往专重消极的救济工作，现在则亦渐渐努力于积极的福利事业；（二）都是一种专门事业，工作人员都需要专门的训练，才能胜任。其不同之点，亦有：（一）生理的健康（卫生工作方面），一般人容易认识其重要，而社会的健康（即社会服务方面）则不易被人注意；（二）医药卫生服务是被病者自动请求，而社会服务常在公共幸福名义之下，插进脚来，所以不易被人领会。因此，社会服务工作，如欲推行顺利，其需要卫生机关及卫生工作人员的帮助，也就不言而喻了。就我国过去现在的情形看来，在每一个社会服务机关里，最感困难的要算医药卫生的设备，而需要最迫切的，也就是医药卫生的设备，但这类设备，决[①]不是几瓶十滴水或几包午时茶所能济事的。为了实际的需要，每一个社会服务机关所在地，必须专设一个卫生机关来帮助他才好。在我国现在，不论是通都大邑或穷乡僻壤，需要扶助的人，实在太多了。我们在街头巷尾，时常看到无家可归的弱小儿童，在交通要点亦常遇见无依的衰老贫民。换句话说，需要社会扶助的人民，可以说是触目皆是。社会团体和政府机关，如何使卫生工作同社会服务，力求普遍、充实，以减少这类人民的痛苦，这是我国当前卫生工作与社会服务两方面的共同问题。共同的问题，最好是共同地来

① 现一般用“绝”。

探讨、研究，以收集思广益的效果。所以我们的理想，是每一个社会服务人员，应具备一些医药卫生的常识和经验，每一个卫生工作人员，最好也能具备一些丰富的社会知识、活泼的想像能力和服务社会的技术与精神。这样社会服务与卫生工作的推行，其效果自易显著。

以上是以卫生工作与社会服务为例，说明社会事业机关有与他种机关联络及合作的必要。卫生机关与社会事业机关是如此，其他机关，如推动犯人救济及感化事业之应与司法及监狱机关联络与合作，推动民众教育之应与社会教育机关联络与合作，其理亦正相同。更有进者，社会事业的举办，不仅须与地方及全国性质相同之机关联络，即与国际间的社会事业团体，如交换资料、参加年会、互通声气等，亦有合作的必要。

我国社会事业的举办，除须努力于人才的培养，组织的健全，经费的充实与联络的工作，尚须致力于研究的工作。社会事业上理论与方法或技术研究的重要，无待赘言。例如，社会事业的宣传方法、社会调查与统计的方法、社会个案方法、社会诊断、团体工作方法、社会行政、社会保险与社会立法等实际问题，在欧美各国虽已有不少的成绩，但仍在继续不断地图谋改进，方法日新月异。欧美各国已有的成绩，当可供我们参考，但各国的情形，不尽相同，别国研究的结果，只可以作为借镜，我国社会事业的各项实际问题，还得要我们自己多下功夫，一点一滴地来研究、实验，才能合乎我国的社会情形。关于我国社会事业研究工作的推动，吾人以为最高主管机关应该用有计划的及具体的方法，鼓励国人对于社会事业有兴趣者，多从事于各种专门技术的研究，将来我国科学的社会事业，才能有良好的基础。要达到上述目的，在经费方面如有可能，主管机关可成立一社会研究处（如现在卫生署之卫生实验处下分若干系，分别研究各种实际问题），收集中外资料，分别研究及分析各种社会问题。

最后我们认为中国社会事业的举办，必须多注意于宣传工作。大凡一种新社会事业的举办，或一种新社会运动之提倡，必须有社会的同情及民众的了解，才能推行顺利，不致发生阻碍。凡百事业，舆论为先，社会事业的宣传，是创造公众舆论、获得社会同情不可或缺的工作，现代社会组织，日形复杂，人事纷繁，若是举办社会事业的人，不将其机关设立之目的、方针与事功，用有效的方法，传达于大众，那么，所欲推行的社会事业的价值，就不易为人所了解。有许多有益于社会的事业，在欧西各国，早已普遍地推行，而在我们过去，常不易获得社会同情和认识，这多由于举办者，不知道运用宣传的技术，向社会宣传的缘故，所以运用现代各种宣传的方法，以唤起大众对于社会事业的兴趣，是很重要的一件事体。是以欧美社会事业家，莫不利用时机，加以宣传，以引起人们对于社会事业的注意。欧西各国有许多新的宣传方法出现，宣传技术日益进步。社会事业的宣传方面，因为印刷技术的改良，图画与统计的应用，在社会事业宣传上，每别开生面。社会事业的宣传，在我国现在尤其需要，非用各种宣传方法难以奏效。目前我国不仅一般民众不大知道社会事业的意义、内容及其重要等，就是一般教育程度较高的人也不见得都能完全了解，所以我国举办及倡导社会事业的人，必须随时随地，利用适当的宣传，以博得社会的同情，和人民的赞助。各种社会事业宣传的方法，如文字、口头、表演、图画与统计等，均当参考欧美之成绩及我国之情形，加以编制。在文字方面，吾人以为现在主管机关，应即发行一种通俗刊及一种比较专门的刊物，以广宣传，此种工作，须与研究方面，相辅而行。

四、总结

以上之讨论，对于我国抗战建国期间举办社会事业的方针及其步骤，已略陈梗概。社会事业之所以亟须举办，因为对于抗战建国的可能贡献甚大，且为社会建设的主要工作。但中外情形不同，任何社会事业的兴办，须顾及本国的国情。其推行的步骤，须先从人才的训练下手，人才有了准备以后，事业的范围，不妨由试办而扩充，由一地而推行至于全省或全国。社会行政机构如已建立，则须注意于人事行政经费筹募与保管，行政组织，联络与研究工作等。

关于人才训练，须注意：（一）除授以学理及技术外，并须培养其办事与服务的精神；（二）训练人才的初步须有适当的目标及方法；（三）须特别注意于课程的开设，师资的培养及教材的编纂；（四）应设立社会事业人才之训练机关；（五）用经济的援助来吸引优秀青年从事于社会事业之修习。

关于经费方面，则有：（一）社会事业经费，国家应负责统筹；（二）社会事业的经费，中央与地方政府，须有适当之分配；（三）经费的收支，必须有严格之预算，计核与监督；（四）款项的捐募，必须有划一的方法与统制；（五）经费保管，须有有资望之人负责主持；（六）凡营私舞弊者，必须加以严厉的处罚。

关于人事方面：（一）须注意于人才之甄拔，务使事得其人，人尽其才，用人以人格、学识、经验、技能、才干为标准，不可轻用私人；（二）更换人员时，可先采试用制或代理制，以期有缺陷时易于弥补；（三）工作人员应注重服务精神，在私交上当社会化、家庭化，无阶级意味，不可带有机关或官僚习气，在工作上当力求科学化，各人以身作则，遇事认真；（四）工作人员之生活，须有保障，并须赏罚分明，凡成绩优良及服务年限久长者，应予以升迁研究或深造之机会。

关于组织方面者，则有：（一）内外工作的进行程序，要有一定的方针与步骤、系统、方法与手续；（二）社会事业机关组织的大小，当依照工作的范围，及当地的需要而定；（三）社会事业机关的组织，务求完整灵活，使各部工作均能巧为配合，严格相连，互相调剂协助，以期行动敏捷，效率增高；（四）各部分事务的处理，务求划分适当，责任分明；（五）凡性质类似之机关，应分别合并，组成一个适当的单位，以避免工作的重复与散漫。

关于联络方面，亦有：（一）社会事业机关，应与卫生、教育等机关相互联络；（二）所有社会事业机关应有密切的联络，机关之社会事业组织，应有密切的联络；（三）除注意于各国及各方面社会事业机关的联络以外，应注意于国际社会事业机关的联络与合作；（四）联络的方法，除注意事业的推行以外，应留心于刊物的交换。

我国今后社会事业的举办，如能依照上述原则进行，将来人才不患缺乏，事业乃不患不能推动，且或能在最短期间，全国色号事业机关，布满了具有专门训练之人才，一切设施，悉用科学知识与科学方法，新中国的建设，即从此开始。

【注一】Devine, E. T., Social Work, P. 28. [1]

【参阅】Simoy, T. S., Principles of Social Administration, Preface and Introduction.

【注二】Street, Ellwood, Social Work Administration, P. 5.

【注三】潘光迥等，《人事管理之研究》，第九页。

【注四】同注二，P. 433.

---

① 此类文后注释均直接复制自原文。

社会行政与社会建设

◎ 谢徵孚

我们要讨论社会行政与社会建设问题，首先应明白社会行政的概念。什么是社会行政的概念呢？简单的解释，社会行政就是国家用政治方法与行政效能去解决社会问题，而以确立最大多数人的最大幸福，以适应社会的生存与进步为原则。这种概念的发生，第一，是由于现代社会问题，一天似一天复杂，一天似一天严重，政府职责所在，为求获得解决，只有从社会行政方面入手，把旧制度中不适应的和不满意的部分在一种新的修正与调整之下更新起来，改造社会经济，增进社会福利，以图实现一个相当健全的社会。第二，是由于政治的本身与社会生活职能中有其密切的关系，而且可以说政治制度在某一点完全是决定于社会生活之一般趋势的，所以国家行政必当置其重心于社会观点之上，必须能够适应“生存与进步”的一般社会法则，适应社会生活的需求，这是政治的真正任务，同时也就是社会行政的基本论理。

我们从社会行政的理论观察，便可以确切地认识社会行政的本质，是与社会建设完全相同一致的，目的和使命也是相同的，甚至于可以说社会行政的论理的根据，就是社会建设，□□□□确立最大多数的最大幸福，以适应社会的生存与进步，这一点显然完全同于社会建设的原则，并没有□□分离。

但是社会行政与社会建设，在原则上，虽同一使命，同一目的，而范围却是不同。社会建设是广义的，是多方面的，社会行政，则仅属于社会建设范围内的一种行政性质，仅是国家机关对社会建设推行其所应负的一种权责而已。我们通常说社会建设是一个广大的范围，而社会行政即是这个大范围以内的一个最重要的推动机构。社会建设如果是目的，那末，社会行政便是完成社会建设的一种方法，是一种手段，是一种力量。

职是之故，社会行政与社会建设的关系，是不可分离的。虽然说到社会建设，除了利用社会行政以外，还可以利用其他的方法与手段，或其他的力量，然而我们深信国家若能厉行社会行政来推动社会建设的事业，无论如何，比较利用其他的任何方法与手段，要迅速得多，要容易得多，而其所发生的力量，及其所发生的效果，也都要伟大得多。这是物力与财力的问题，有些是社会方面所不能办到，或办起来感到非常困难的，而政府却轻而易举，只要在预算书里增加几个数目字，许多新的社会公共幸福事业，立刻实现出来了。还有些是关于法律问题的，国家若是厉行社会行政，有时只要一纸命令，修正一条旧法律，或者颁布一条新法律，平民的痛苦便减少了许多，直接的影响就是增加了社会幸福，然幸福若不是发动于政府，有时，即便发动于一个广大的社会运动，还未必能够如愿以偿。

由上所述，可知社会行政不仅与社会建设有连锁的关系，而且要从事社会建设，必须特别注意于社会行政，有了社会行政，一切社会建设计划才容易实现。

现在，我再提出有关社会行政与社会建设的几个实际问题来讨论讨论：

（一）社会保障问题——所谓社会保障，就是保障社会利益的意思。现代各国的新宪法，大都有了社会保障的基本规定，如一九二五年颁布的立陶宛宪法，及一九二〇年的秘鲁宪法，皆有社会保障一章，对于公共救济、公共道德、公共卫生以及劳动生活和家庭生活、社会经济制度等，都予以宪法上的保障。其他各国，如苏联斯大林宪法上的社会组织，德国韦玛宪法上的经济生活，墨西哥宪法上的人权保障，南斯拉夫宪法上的社会经济，以及我国于民国二十五年[1]五月五日所颁布的宪法草案上的国民经济，彼此的章目虽不同，内容也不同，但大体都是规定社会保障的性质。这是因为现代宪法的趋势，必本于社会生活的现象，所以在宪法上当确定社会阶层相互间的权力关系，并对社会采取保障政策。此外美国于一九三五年颁布《社会安全法》，这也是法律对于社会保障的一个很重要的规定。

我们对于社会保障，□□□□□，□□□有一个共同的范畴，就是确保最大多数的最大幸福；而这个范畴也就是社会建设的最大前程，是社会建设的基础。说明白一点，社会建设所要建设的事业，有许多部分就是宪法上社会范围以内的保障事业。例如，怎样改善工人待遇、提高工人地位、保护儿童妇孺、救济老弱残废、增进公共利益、提倡公共道德……这些都是社会建设的中心工作，同时又都是社会保障的基本规定。那末，我们只要能够把法律上规定的社会保障，推行尽善，便算是完成社会建设一大部分的任务了。然而我们要知道施行社会保障，必须具备一个健全的社会行政机构，这是执行法律的一个先决条件。如果没有社会行政的机构，即便有了完备的社会立法，也是徒法而不能行，那有什么益处？因此，我们为推进社会建设，便当注意社会保障问题，如欲实施社会

① 即1936年。

保障，便当注意社会行政，这是社会行政与社会建设实际问题之一。

（二）社会发展问题——社会建设的性质，固然要注重社会利益的保障，有如上述，但这还是属于消极性质，而最要紧的是在积极地力求社会的发展。故社会发展问题比较社会保障问题，更为重要。所谓社会发展，就是对旧制度不满足的不适应的或缺少的部分所为之修正与调整，或进一步再建立一个新的基础，另创制一种新的制度，以满足大众对于更完全更进步的生活之渴望，与一切崇高理想的追求。这是社会进化的一个定律，凡是旧的形式和功能，对于人类的生存，消失了它的效用，必然地归于淘汰，如同生物学上因萎缩而消减的原理一样，经过新陈代谢的作用，新的就要继续旧的而起；人类的组织，能够扩大，社会的生活能够发展，差不多就是由于这一点。而现在的社会建设，它的极终目标，也可以说完全是朝着这一个方向走；如关于社会经济组织的改变，社会文化水准的提高，社会风俗习惯的转移，社会公共幸福的创立，这都是社会建设的基本任务，这些基本任务的完成，就是社会发展的实现。

但是，关于社会发展的工作非常繁重，非常艰难，单靠社会方面的力量去发展，不是弛缓，就是劳而无功，特别是关于一种制度的变更，不是容易做到的。我们在历史上，在眼前，不知看到了多少良好的社会计划，大多因为缺乏了实行上的力量，结果是成了空谈，没有实现。

在这里，我们以为社会行政的力量，若是渗入社会发展的工作，这个发展，一定是很迅速的。试以现在的苏联为例，所有关于苏联的社会发展的建设工作，统由苏联政府的社会行政机关负责计划，负责实行，所以苏联的社会建设突飞猛进，造成了空前的新纪录，这就是一个明证。因为这个原故[①]，我们要推进关于社会发展的社会建设工作，亟须建立一种社会行政，这是社会行政与社会建设的实际问题之二。

总括言之，我们不论在理论问题上或在实际问题上，认为社会行政与社会建设的关系是很密切的。我们虽不能说没有社会行政，就没有社会建设，但我们至少应该相信社会行政是具体的，是实际的，有了健全的社会行政，我们的社会建设工作，才能够容易推动，容易实现。

① 现多写作“缘故”。

县政建设关系论

◎ 张鸿钧

县政建设，乃依一定之行政区划，本于国省政令，配合国省建设，以基层政治之力量在不同的空间、绵远的时间内，运用各部各门之专业技术，有组织有计划地从事于整个社会之建造，谋取民众整个生活之调适与向上。惟其有一定之行政区划，则一切建设在县区与县区间乃具有横的关系；惟其须本于国省政令，配合国省建设以从事，则一切建设乃具有纵的关系；惟其从事建设之空间，各有不同，则一切建设乃具有地方关系；惟其从事建设于绵远之时间，则一切建设乃具有历史关系；惟其所运用以建造整个社会，谋取民众整个生活之调适与向上者，为各部各门之专业技术，则一切建设乃具有综合关系。凡此种种县政建设之关系——横的关系、纵的关系、地方关系、历史关系、综合关系——皆参伍错综连环交织于县政建设之本身,举其一可以及其余,牵一发而全身动。县政建设是否能达于建造整个社会,谋取民众整个生活之调适与向上之目的,即须视于此种种关系能否得一总调整、总扣合、总运用以为定。否则所谓县政建设,将在此种种关系下相抵相销,支解无余,几无复建设,无所谓建设也。

一、横的关系

县区虽有行政之界划,但县区间之政治的、经济的、社会的、自然的相互关系,并不因行政界划而脱然分离。此种不可脱然分离之相互关系,吾人谓之为县政建设之横的关系。人为的行政界划,不惟不能使其横的关系脱然分离,抑且贻县政建设以重大之缺憾。以县之边区而言,吾人试一注意于县之边区之一切,文化概多低于县区之腹地,而土地荒废、人口稀少、生产落后,亦多以县之边区为甚。尤以三县界首,四县界首,乃至五县界首之边区为然。此等边区直同瓯脱区域,形成"三不管"地带。最显著之事实则为盗匪横行,多在此等"三不管"地带之内,贵州定番县之"山槽",山东汶上县之"梁山",可为其例。何以致此?固由于边区,与县政中枢之距虽穷远,交通复不便利,以此执政者多重视县区腹地而忽于边区。有如小儿盥沃,只洁鼻额,而领头之垢污不顾,又如懒惰者之扫除庭院，只扫径庭，而不及于角落。驯至边区之一切建设，乃不能与县区腹地共展平流，均衡发展。但县区间之一切政治的、经济的、社会的、自然的互相关系，既不可分，即或能重视边区，徒以“各人自扫门前雪”之方式出之，划其事效亦将遭受县区间之相互影响而归于抵销。以本人过去之经验，有如是者。以地方警卫而言，平日县与县间无技术上之联络与设备，一旦盗匪蠢动于边区，此起彼伏，咨会频烦[①]，动众兴师，难收实效。以禁绝烟毒而言，本县雷厉风行，而以邻县为捕逃之薮。以水利之调整而言，河道经流至两县以上，或湖沼跨于两县间者，无从达到水利工程之目的，水利纠纷，亦因之无法解决。以地籍之清理而言，大县地主，或居邻县，而插花飞地，无法清理。凡此种种，虽有省府主管机关或专设机关为之统筹，但县与县间不可脱然分离之关系亦决不能以“各人自扫门前雪”之方式出之。“各人自扫门前雪”之县政建设，几无建设之可言，其不遭受县区间之相互影响而相抵相销者几希。

抑县政建设之横的关系尚不仅在于县与县间之边区，更有在于适当区域内各县区之协作事业。无论在教育事业上、文化事业上、农林事业上、工商事业上……县单位之建设，有时反乎经济的效用。即行政专员区，或各区之界划，亦难适应此种要求而无遗

① 现一般写作“频繁”。

憾。是为超行政区域之区域建设。此种区域，不必为自然的经济单位，自然的经济单位事实上难以划定，因此所谓适当区域之区域建设，与每一县区之一切政治、经济、社会、文化紧密扣合，而不可分割。不过区域建设为各县区之集体建设或联合建设而已，并非于县政建设之外更为区域建设也。区域建设之一切措施，即区域内各县区通力合作之活动，超行政区域之活动，用以完成县政建设之目的。此种事例，可以各地联合农场、联立师范之县区协作事业当之。虽然所谓联合农场、联立师范，在今日既尚未至于县政建设之局部的要求，而若干建设事业仍在“各人自扫门前雪”之方式下，支离破碎，敷衍塞责，岂谓人为的区划，真能为不可逾越之河沟乎？

二、纵的关系

在中央集权制度下，地方政府不过为中央政府之派出机关，地方政府之一切大经大法，无一不决定于中央。即在地方分权制度下，地方自治团体虽有独立之人格，可以本于政权之运用，处理其地方事务，但自治团体究属包含于国家组织之中，非能枝歧于国家组织之外者，国家之利益，即地方之利益，因种种之必要，国家不能施以合理之统制，地方自治事务，仍须在此种统制下以进行。即不偏于中央集权，亦不偏于地方分权之均衡制，如建国大纲所载“凡事务有全国一致之性质者，划归中央，有因地制宜之性质者，划归地方”，表面似属有明确之划分，但事实上所谓因地制宜之地方事务，与其有全国一致性质之国家事务，仍具密切之关系，而息息相关。抑在省权膨胀之今日，县政建设又在在须受省政之影响，于是县政建设乃与国省间发生逆及之关系，此种逆及关系，吾人谓为县政建设之纵的关系。

国省政令乃至国省建设，无一不影响于县政建设。近人尝谓县政之良劣，系于其上级政府乃至省与中央，似属诿卸之词，但国省政令，确足以左右或限制县政建设之进行也。举例言之，建设事业固为财富之源，而财政亦为建设之母，过去省县税源之划分，若干主要地方税收，如田赋、契税、屠宰税等，均被划归省地方收入，而县地方收入则仅限于省税附加，及星屑之杂捐，以及收益无多之地方类产而已。县地方税源枯竭，“巧妇难为无米之炊”，根本上乃予县政建设以铁般的限制。因此而组织简陋，无以应建设之需要；因此而薪俸低微，无以延揽专门技术之人才；因此而资金微薄，更难为建设之资借。探本溯源，不能不归咎于各省县税源之划分不当。此次“县各级组织纲要”对于县财政之税源已有颇为合理之划定，倘能善为运用，则县政建设之发展可期，即此可见国省政令所予县政建设之影响为何如！

又如县之上级机关，直接可以命令指挥县长者，普通均在二十个单位左右，政出多门，指挥不能统一，致县长无所措手。且少施政纲要之确定，以致政令纷繁，政令纷歧，县政建设计划纵能确立，亦将为此纷繁而纷歧之政令所支解无余，不复能依计划以尅期实现。而上级机关临时限期委派办事项，复不审酌时间人力，不予斟酌轻重缓急，而一埤遗之县府，顾此失彼，百无一成。

又各上级机关之行政法令，常尚形式划一，而代下级机关为严密之规定，无以应付实际之需要与困难。每有请示，上级机关之批答，稽迟过甚，迨指令到县，时过境迁，请示事项，已成“明日黄花”，事效为之减杀，事业因以搁置。——凡此事例，不可胜道，在在皆足以左右或限制县政建设之进行，所予县政建设之影响者固甚巨也。

次就国省之建设事业所予县政建设之影响而言。国省之建设事业，大部分为建设事业之具有全国一致或全省一致之性质者，此等全国一致或全省一致之建设事业乃为县政建设之支柱，为县政建设之保证，若干县政建设能否完成建设目的，保证其建设之效果，须视于国省建设事业能否与之调适，能否与之共展平流以为定。此种情形，尤以水利建设最为显著。巨沼大川跨于数省或数县者，中央或省府常专设主管机关主持管理之，其管理之得失，无不影响于县区之水利建设，即县区之水利建设，无时不在其控制之中。忆民国二十年[①]长江泛滥，沿江六省沦为泽国，同年黄河决于

① 即1931年。

董庄，鲁西惨遭波臣之虐，当此之时县单位之水利建设亦徒作无代价之牺牲而已。水利建设如是，其他若交通事业、电信事业、农工事业乃至教育事业，盖莫不然。自非国省建设事业真能做得县政建设之有力支柱，真能为县政建设之确实保证，则所谓县政建设决难超然表见其成效。即或从事县政者能强毅为之，其所建树，不过如燕巢幕上，随时有巢倾卵破之厄也。

显然，国省政令固足以左右或限制县政建设之进行，而县政建设亦正足以补充国省政令，国省政令能否见诸实施，能否实施尽利，又几于完全决定于县政；国省之建设事业，固为县政建设之支柱，而县政建设，亦为国省建设之重心。此其上下相维之纵的关系，又不仅由上而递及于下，亦由下而溯及于上，上级政府，恨无如股肱手足之下级机关，下级机关亦正期待于如首脑耳目之上级政府。上所责于下，下所望于上者无他，即此种纵的关系的调整、扣合与运用是也。

三、地方关系

县政建设寄托于地方，而地方情况则随处不同。以幅员广大之我国，全国有一千九百余县区，县区之面积、人口、财赋，乃至经济、文化各不相同。以贵州省属各县而论，威密县之面积为八二二三、二五方公里，青溪县则为八〇、六八方公里，相差至于十七倍有奇。遵义县人口为五十九万余人，都江县则仅一万九千余人，相差竟至三十一倍。安顺县之地方岁入，二十五年[1]度为一二二、三五一元，而后坪县则仅为一、一三〇元，相差乃至一百零八倍有奇。贵州省属各县如是，其他各省所属县区，面积、人口、财赋之相悬，亦不乏类是者。而经济、文化悬殊之甚，更难一一以数字示之。且此一千九百余县区，以地势言，有在于莽莽平原者，有在于崎岖山崖者，有在于卑湿之低原者，有滨海者，有沿江湖薮泽者，有毗接于浩瀚之沙漠者，交通状况亦多因此而有异。以气候而言，或冱冽高寒，冬长夏短；或温燠熏蒸，四季无冬。或亢燥，或阴寒，或多雨，或多风，或多云雾，或多冰雪，罄笔不能尽其异态。在种族上的汉、满、蒙、藏、回、苗、夷，固皆为中华民族之一部，然若蒙区、藏区、苗夷区不仅言语不同，文字特殊，其一切宗教、礼俗乃至民众生活方式，亦各异其趣。即号称腹地之各省县区，亦五方之言语异同，民风民俗异宜。凡此种种之不同，所系于县政建设者甚大，吾人谓为县政建设之地方关系。

因地方情况不同，实际需要乃各有不同，县区之组织设备亦各有不同。举例言之，面积大、人口众、财赋多、经济文化优越之县区，其各级组织设备固应健全而充实，但面积小、人口少、财赋薄、

① 即1936年。

经济文化低落者，正为需要建设，急于建设，且难于建设之县区，其组织设备尤应依实际需要，谋其健全而充实也。又如沿河湖濒海之县区，则渔业机关应有适如其分之设备，宜棉之县区，则棉作生产组织，应有合理之配合，乃若宜桑、宜桐、宜茶、宜畜牧、宜园林及其他一切宜于特殊产品之县区，莫不应该依其实际需要而为之备，并非先事制定一套组织规章，强使需要各不相同之县区以必行也。强使必行，则因地方实际需要应予个别设备者，必以不载于成套规章，付之阙然，或一般的具体而微，不足以为适量发展之资借。是则成套式之组织规章，不异为县政建设之无情桎梏也。

因地方情况不同，县政建设之重心，亦各有不同。例如，因自然环境不同，居于塞北草原则重牧畜，居于荒瘠山崖则重森林，多矿山则重于工业，多湖沼川瀹则重于水利，偏僻梗阻则重于交通……因社会环境而异者，多匪之区则重于警卫，烟毒充斥之地则重于禁政，文化低落之地则重于教育……县政建设之重心因地不同，强不同以为同，是犹强饥者使与渴者同饮，强渴者使与饥者同食也。

抑因地方情况不同，县政建设之方法亦有不同。例如，编查保甲之法，行于平原之区者，移植于山岳之地，则不能无所修正与补充。所得效果，尤不能无所差异。平原居民多聚千百居户而成村，少者亦至数十户；山岳居民则三家成村，一家亦可成寨，而星列于山阪岩顶间也。又如公医制度,可以较高标准推行于富庶之区,以同样标准移植于贫瘠之地,则格格不入。贫瘠农民日在饥饿线下度其辛苦悲惨之生活,食物之是否适于营养,与是否鲜洁,不惶恤及。衣只一袭,垢污与虮虫布满其上,岂不知秽,实逼为此。卫生宣传之画图,在穷民视之,目为“天堂”,终生不得享此。卫生宣传之口号,穷民闻之当嗤然而笑,为与其饥饿生活不相应也。至若环境卫生、家庭卫生与疾病治疗,更可类推,而交通之便否,文化水平之高低,所以推行之方法,亦异其宜。即以乡村教育而言之,亦何尝不依地方经济状况、交通状况而各异其方。乃至教材之编定,教学科目之去取,尤以风土异宜,而各有不同。又如农业推广,不惟若干作物恒因土壤气候之不同,而有所汰择,即土地之整治亦因自然环境而不同其方。旱田水田无论矣,多山之地有“梯田”,薮泽之地有“架田”,滨海之地有“涂田”,地卑多水之地有“围田”,旱涝无常之地有“机田”。抑又土地分配状况之不同,租佃制度不同,交通情况不同,水利情况不同,金融情况不同,则农业推广即因此种种不同而异其力。

他如宗教不同,风俗不同,则法律上、政教上之一切措施莫不有斟酌权宜之余地。蒙民之葬,弃尸原野,藏民之葬,弃尸川流,则遗弃尸体之法应如何执行?蒙藏婚制,今尚为一夫多妻,苗夷并有掠婚之俗。在今日各地,是否需要有单行之法例,而以渐化之,此固为法律问题，然亦关社会治安与风化也。在蒙藏区内，以寺庙为政教之中心，民众纠纷不诉之官府而决之寺庙。读书识字不采用部颁课本，而读寺庙佛经，读汉文无所与于日常生活，读佛经则其文字可施于实用。如是则设官为治，兴学施教，是否可以同一方式出之，抑应如何创化，此非为县政建设之所关，亦国家大计所由以决定者也。

总之，地方之一切一切，皆系于县政建设，其组织设备、工作重心与工作方法，皆须因地制宜，切合实际，断无一套成文办法，可以无所补充修正而应用于一般者。独异全国通行之法令规章，于今竟汗牛充栋，而地方单行法规，又不切于地方实际需要，其故安在也！

四、历史关系

县政建设乃以促进地方事业，而地方事业，具有永久性与继续性者居多，权一时之宜，惟一与行者，百无一焉。无论为教育事业、卫生事业、合作事业、农林事业、工矿事业、渔牧事业、水利事业……莫不皆然。其间虽因时代之激荡，与环境之要求，不能不有所改革，不能不有所创造，但若干事业仍须在因袭之中谋改革，在保守之下谋创造，只有历史的新陈代谢，继长增高，而无历史的中断与弃灭。此为地方事业发展上之正常状态，县政建设之实施即须循此正常程途，一面创造，一面保守，一面改革，一面因袭，以达于美善之境。所谓县政建设之历史关系，其意义即在于此。

基于此种历史关系，则保守与创造，因袭与改革，应绵连延续而无端倪。喻以农林事业，尤甚显明。居今日而言农业改进，则农业科学化，或农业机械化，固属必要，若在科学试验未能完成，或未能普遍推广应用之前，则应以兼收并蓄之精神。就国内优良品种予以繁殖，因国内较好农具加以改进，采撷"老圃""老农"之农艺技术，参考整理，以推广应用于一般农民。虽其农业上之经济效力不逮远甚，但较之现状，则当进步多多。在农林事业上不能因企于农业科学化或农业机械化之故而尽弃固有之美，即以示历史关系，在地方事业进展上之重要为何如！

在保持前民之事功，凭借前民之遗产上言之，则保守重于创造，因袭重于改革。以水利事业喻之，堤栓、水塘、河渠、堰坝，既已岁时修葺，无废前功，而因山川溪谷之流变，及工程技术之进步，然后始得从容建设，创造将来。忆曩在山东汶上时，县境汶河堤坝之不修者垂二十余年，人民苦于汶河水患者亦垂二十余年，孰意残堤败堰蔓草荒烟之中，杨令碑碣宛然植立，备载修堤办法，而二十年后之后人偶一试读，堤工兴而水患除。故为政固在于善建新猷，而尤在于善继前人之政，否则新猷所建，反不偿旧政之留遗也。

造林运动自民国十九年[1]已为经常运动，地方官吏年例造林，前年张任造林，去年李任造林，今年王任造林，无论李任不管张任所造之林，王任不管李任所造之林，即其李任自造之林，亦“造完即了”！此所以年年造林而不见林也。

凡此事项，皆不少见，新官上任，不问前人之政，率尔更张，以前任为无所建树，建树应自本任始，自作聪明以邀时誉，政府有朝令夕改之烦，民众有莫适所从之苦。甚至前人之良法美制，后人不察其苦心孤诣，一举尽废之，辗转相仍，地方事业乃不能在历史上保守、创造、因袭、改革，以继长增高，而在偶然间昙花一现。县政建设有如幻灯，地方事业如同风烛，讵可叹也！“旧令尹之政，必以告新令尹”，孔子赞以为忠，独异今之“新令尹”之政，何以必须尽反前规，以立异为高，抑何以“旧令尹”之政竟无一事可资保守与因袭者欤！

地方事业不能在历史上继长增高，或归咎于地方官吏任期制过暂，以今之论，县长之任期为三年，实际上在任三年者极少，长者一年二年，短者仅及数月。人怀“五日京兆”之心，无论旧有事业不能赓续发扬，即新兴事业亦不暇专精推进。如是则县长任期之久暂，实不无问题，而有确定或延展之必要。但对于地方事业倘不能确立永久性与继续性之基础，则虽延展县长任期至于五年十年，终

① 即1930年。

有去职之时，地方事业之不能在历史继长增高一也。——犹忆曩在县任时，某区区长之言，略谓："历任县长各有其一套办法，今年一套，明年又一套，张任一套，李任又一套，前后不相为谋，各干各的，在此情形以下，区保惟有各行其素而已。"所谓各行其素者，即不论"张任之一套""李任之一套"，一味予以敷衍塞责是也。在县政建设，倏变无常之现状下，所谓"一套"又"一套"，倘必一一奉行，势同见影而疾走，走不息，影不灭，区保人员，既若无所适从，亦惟有敷衍而已。且幸此区保人员，各怀敷衍之术，否则朝三暮四，幻变不居，脱使一一奉行，民益不堪。

此后地方自治开始，一切地方事业或不至随县长之去留为转移。但地方自治人员应任有定期，对于地方事业亦不无因人作设之虑，如何以奠定其永久性与继续性之基础，俾能在历史上继长增高，厥为县政建设也之要图也。

五、综合关系

县政建设之对象，为一错综复杂之整个社会。建设内容，虽自技术专业以后，而分门别类，经纬万端，但不过以各种不同之观察，用各种不同之方法，对此错综复杂之整个社会，解决其个别问题，进行其部分的建设而已。观察仅有不同，方法仅有不同，而其对象则无不尽问。但不同的观察，只见其偏而不见其全，部分的建设只能谓为破碎支离，或重复冲突之建设，无少补于社会之整体。犹之扪角得牛，所见者非牛，牛之一体也。昂首见山，所见者非山也，山之一面也。如何以得全牛？如何以见全山？即如何以见社会之整体？如何以解决此错综复杂之整个社会问题建设，整个社会？则舍综合的观察，综合的方法，其道莫由。而各种不同之专业技术即须在此种综合观察、综合方法之下，分工合作，连锁调整，以共同解决整个问题，建设整个社会。所谓县政建设之综合关系，其要义即在于是。

单纯的以某一种专业技术、个别方法，解决一个别问题，则此个别问题虽解决而犹之未能解决，抑虽欲为之解决而势不可能。何以故？即与其他方面，具有综合关系之故也。以社会教育而言，则社会军训、保甲编组、公医制度乃至农业推广、农村合作，何莫非社会教育之方面，何莫非社会教育之真实内容！从事社会教育者，倘不能与之连锁调整共策事功，而惟此疆彼界，畛域攸分，则重复、冲突、破碎、支离之弊害即随以俱来。我国十数年来社会教育多在其偏狭壁垒之内进迁周旋，而社会军训、保甲编组、公医制度、农业推广、农村合作，各部各门，又复分道扬镳，各自为政，社训自社训，保甲自保甲，卫生自卫生，农业自农业，合作自合作，纷然淆然，步伐大乱，重复、冲突、破碎、支离之弊无一不现于吾人之前。政令繁而民滋昏，建设多而民转敝，非患于政令繁建设多，乃患于政令多而不连续，建设多而不调整，分工而未能合作也。

即以农业推广言之，其组织应为政治机构之一部，不应枝歧于政治机构之外。在生产、制造、运销合一之原则下，既须注意耕耘、浇灌、收获、制造、储藏、运销合作之联合经营，尤须踏入有关各部各门，各学校教育、民众组训、妇女工作乃至工业建设、道路建设、水利建设、土地整理，联系关协，善为运用，通力合作。必如此而后农业推广，始能完成其任务。

即社会军训之壮丁组训，并非可以单纯的军事训练能奏全功者，而应有合理之分组与适应之训练。则因壮丁之职业不同，须有农人、工人、商人等之分组，而分别及于农业、工业、商业或其他常识与技术之训练。因壮丁年龄之不同，须以年龄分组，分别予以适应身心之训练。因壮丁之教育程度不同，须以知识程度分组，分别予以适合知识程度之训练。如是则壮丁训练除军事教育外，尚须包括公民教育、生计教育乃至识字教育，其必须与有关各部各门协力合作也无疑。矧壮丁组训尤须与户籍管理、国民兵役、地方警卫、保甲编组作一体活动，否则破碎支离，无一是处。

即地方财政之整理，尤不仅在于行政组织之调整，预算制度、征收制度、会计制度、金库制度、审计制度、决算制度之确立，而在于县政建设之整个实施，以改进农村经济，培养税源也。

抑以上所谓社会教育、农业推广、社会军训、财政整理，又必须在合理的政治机构下以推动，以实施，“政、教、富、卫”一体说即县政建设之综合关系的深切认识。

除着县政建设之各部各门，有所谓消极工作与积极工作，例行事务与重要事务，亦无不具有综合关系，而攀结参错，不可分剖。例如，禁烟禁毒在县政建设中最称为消极工作，表面视之似于积极建设无与。但因禁烟禁毒之效果，所予行政效率上之改进，所予人体健康上之保持，所予生产力量之增厚，所予社会道德之提高，所予以地方安宁秩序之维持，皆与所谓积极工作具有不可分解之关系。施政者应如何有以连锁调整之，吾人不能一一备举也。例行事务至如旬报月报表件、职员名册、薪饷清册之核阅，可谓最属于例行事务之类者，但重要政务亦有系于是焉者。昔诸葛孔明在军，午夜自校簿书，不知者以为浪费聪明，劝其委之属吏。今日地方行政长官对于重要事务或能躬亲处理，对于例行事务鲜有注意及之者，而不知所谓例行事务与重要事务实亦具有综合关系也。

以上所举，仅寥寥数事，亦愿以示县政建设之综合关系有如是者。各部各门之专业技术，应如何打开专业之壁垒，解决其个别问题，进行其部分的建设，可以知矣。

综合本文之所论列，则县政建设之种种关系，须在下列原则之下，求其总调整、总扣合、总运用，以达于建设整个社会，谋取民众整个生活之调适与向上之目的：

（一）县政建设须有组织有计划地与其毗连县区取得密切联系，及在适当区域内作集体之活动，实质上打破行政区划。

（二）县政建设须待于上级政府之合理的命令与指挥，与之扣合一致，并待于上级政府之建设事业为其支柱与保证，而调协和合，上下相维。

（三）县政建设须因地方之自然环境、社会环境、经济环境、文化环境，以决定其组织设备、工作重心与工作方法。只求切合实际，不求形式划一。

（四）县政建设须建立永久性与继续性之事业基础，而一面创造，一面保守，一面因袭，一面改革。系于制而不系于人。

（五）县政建设须在综合观察、综合方法之下，运用各部各门之专业技术分工合作，连锁调整，以谋整个社会之建设，避免重复、冲突、支离、破碎。

我国之公共卫生

◎ 金宝善

一、绪言

我国历代对卫生事业素不讲求，以致国民体格衰弱，疾病众多，寿命短促，影响国势匪浅。溯自创办卫生行政以来，为时不过十稔，虽经政府多方促进已植有相当根基。然以语夫百年强种之大计，实尚辽远，爰将国人健康情形及我国公共卫生设施之现况，加以检讨，更于将来推进之方法，略抒所见，以质国人。

二、国人健康概况与需要公共卫生之迫切

我国民众之健康程度，究属如何，可就下列各种统计以窥其大概。各大城市检查学童体格大约二十三万人之结果，有体格缺点

者，在百分之九十以上，×××三省壮丁五万人之体格检查，无重症体格缺点者不过百分之四十，民国二十一年①霍乱流行，患者达十万人，死亡三万人，二十七年②再度流行，患者亦在十万人以上。他如伤寒、赤痢、白喉、麻疹、天花等之流行，几遍全国。江北一带之黑热病，长江下游及江浙一带之血吸虫病，广东等省之麻风，西南各省之疟疾，患者均在百万以上。肺痨病据北平一地之调查，每年十万人中死于此病者约有三百人，以此推测全国，每年死于肺痨者约在一百二十万人以上。花柳病之蔓延，尤为普遍。据南京市卫生事务所检查产妇血液，呈梅毒阳性反应者，占全体产妇之百分之十八，而贵阳卫生事务所之报告，产妇血液呈梅毒阳性反应者，竟达半数以上。上述各种传染病及寄生虫病，均可利用公共卫生设施以防制之。欧美各国十年来推行公共卫生之结果，伤寒、赤痢、肺痨等病之患病率及死亡率，减低甚多，霍乱、天花几已绝迹，在全体死亡人数中，其因传染病而死亡者，仅占百分之十，而我国则在百分之四十以上。又我国之死亡率，据估计每年每千人口约须死亡三十人，较之欧美各国之死亡率高达一倍，婴儿死亡率我国约为二百，较诸欧美各国高达四倍，产妇死亡率，每千人约死亡十五人，较之欧美各国亦超过三倍。关于国民医药享受之情形，据南

---

① 即1932年。
② 即1938年。

京市生命统计联合办事处调查，在市区每死亡百人中，约有四十人生前从未经任何医药治疗，乡区则每死亡百人中约有七十人未经任何医治。观此可知我国民众健康方面各种之弱点，无不亟待医药之救济，与夫卫生工作之普及。抗战以来，民众颠沛流离，营养缺乏，身体劳顿，生活艰苦，得病机会较平时为多，其需要医药卫生救济，自更较平时为迫切。然如何能使医药卫生设施普及于各处，以增进民众健康，实为我国当前最重要之问题。

三、我国公共卫生设施之现况

我国中央卫生机构，自民国十七年[①]设置卫生部起，方具雏形，其后历经数度改隶，而树立卫生基础之工作，则犹能与时俱进，各项医疗防疫卫生及训练等机关，年有增添，工作范围亦日益推广。至地方卫生机构，近年来亦增设甚多，其中亦有基层卫生机构，业已相当完备者。兹就现时中央及地方卫生设施概况，按工作之性质，分述于后：

甲、医疗卫生

近年来各省增设县、乡卫生机构甚多，据最近调查，江西设有卫生院八十五，卫生所六十五；福建设有卫生院六十，卫生所七十一；贵州设有卫生院八，卫生所五十五；云南设有卫生院二十三，卫

① 即1928年。

生所二十一；湖南设有卫生院三十五，卫生所二十七；广西设置十二卫生区，每区各设省立医院及卫生事务所一处，此外全省共设县立医院十一，县立医务所七十七，乡镇医务所七百十六。他如湖北、四川、陕西、甘肃、浙江等省，亦各设有卫生院所十余处不等。中央除在绥远及西康设置蒙古卫生院及西康卫生院以促进各该省之卫生建设外，复在各公路线街要地点，设置公路卫生站或卫生所，已成立者，计有卫生站十九，卫生所三，每一卫生站，各设有分站二，计共有分站二十八。

乙、防疫

关于国际防疫工作，卫生署在沿海重要港口设有检疫所五，在沿江设有检疫所一，在西南边境设有检疫所二。关于各地疫病之防治，卫生署设置检疗防疫队二十六队，计一百零四分队，防疫医院十二所，卫生工程队二队，细菌检疫队二队，卫生材料站五站，分布于华中、华西及西南一隅。在西北各省，则另设有卫生队十三队，由西北卫生专员统率之。各省自设医疗防疫队或卫生队者，计浙江四、湖南六、四川三、陕西六、广西十二、云南二。此外对于有地方性之特殊传染病之防治，如防治鼠疫，福建省设有防疫处，云南省设有鼠疫防治委员会，防治疟疾，云南省设有抗疟委员会、抗疟队及疟疾研究所，皆由中央与地方卫生机关合作办理。

丙、救护

关于急救救护等工作，除有各地方卫生机关办理外，中国红十字会救护总队部设置大队部四，中队十二，医务队七十五，汽车队十八，及材料库八，分布于战区及后方各省，从事救护医疗工作，任用医护人员，共达一千八百余人，其各队驻扎地点，视各地需要及环境情形，随时调动。此外各地教会医院及私立医院，对于受伤民众亦予协助收治。

丁、人员之训练

中央设立之公共卫生人员训练所，现共有三所，训练公共卫生医师、药师、护士、助产士、卫生工程师、卫生稽查、检验技术生等，毕业者已达五千余人，分在各地方卫生机关服务。此外各省自办训练所者，亦有四川、福建等省，至初级医护人员之训练，则各地方卫生机关大部视需要随时举办。

戊、药品器材之制造

关于生物学制品之制造，有中央防疫处、西北防疫处及蒙绥防疫处；关于麻醉药品之购贮提制，有麻醉药品经理处；关于医疗器材及义肢等制造，有卫生用具修造厂；关于一般医疗药品之制造，中央拟设立大规模之中央制药厂，尚在计划筹设中，而福建及贵州等省，均已设有省营之制药厂；关于药品之购运储备，则有战时医疗药品经理委员会，购运国内外医疗上必需之药品，接济各地方医疗卫生机关及药房等，以期平抑市价。此外，更设有中央药物研究所，从事各种药品之研究。

四、今后公共卫生事业之推进

上述中央及地方各种卫生设施，大都均为十年之短过程内努力建设之结果，颇呈有突飞猛进之现象，惟已有之各种设施，尚多偏于城市，未能深入民间。以我国民众体格之衰弱，疾病之众多，需要医药卫生之迫切，今后从事卫生行政者，实施应努力推进，务以实施公医制度为目标，使穷乡僻壤，均普遍设有医药卫生机关，以为民众服务。兹就地方行政之机构体系，工作大纲，人员及经费及推进步骤四项，分述要旨如次。

甲、机构体系

省县卫生行政机关，为推动地方卫生工作之枢纽，必须确立其体系，然后乃能如臂使指，运用灵活。依据近年来各地方实验之结果，办理省县卫生行政之机构体系应如下：

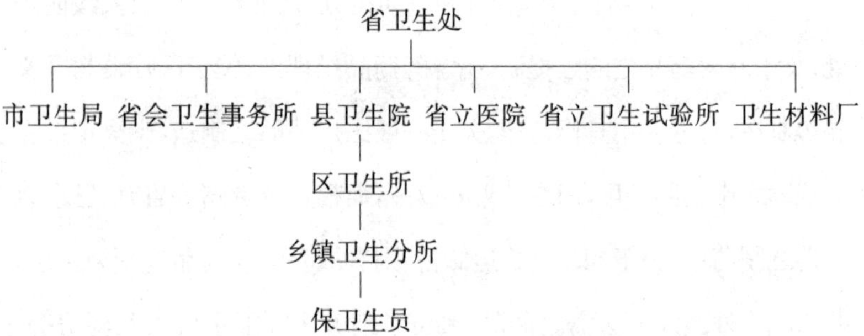

省卫生处掌管省卫生行政及技术事务，以隶属于省政府为原则，但在建设开始时期，将隶属于民政厅。其直属机关，有市卫生局，或者省卫生事务所，随属机关至少应有省立医院、卫生试验所及卫生材料厂。至各地县则应设县卫生院，隶属于县政府，同时受省卫生处之指导监督。在卫生院下，各区设卫生所，各乡镇设卫生分所，各保设卫生员，自县以至民众，设置四级卫生机关，如是则医药卫生设施方能深入民间。

乙、工作大纲

（一）医疗救济——门诊、巡回诊疗、急救救护（如翻车、空袭时受伤之急救等）、住院治疗、急救药箱设置（如学校、区署、联保办事处设急救药箱，并授以急救技术）。

（二）防疫——传染病报告，检验（应普遍设置简易之检验设备）检疫，隔离治疗（住院或在家隔离），消毒（病人排泄物及被病毒沾污物件之消毒等），接种牛痘，施行霍乱、伤寒、白喉及其他预防注射，防治霍乱、痢疾、疟疾，预防花柳病及驱除地方特殊病症，如麻风病、血吸虫病、钩虫病、黑热病、甲状腺肿等。

（三）环境卫生——饮水改良（水井简易改造，沙滤池及简易引水管之敷设，疫症流行时水用漂白粉消毒，公共茶缸及开水供给等），厕所改善（简易公共厕所之建设，露天粪坑之加盖等），协助难民收容所及难童保育院等之清洁卫生（坑厕厨房之改善及住室之清洁等），灭虫（灭虫站之设置，并合办公共浴室及理发室，同时施行疥疮等皮肤病之治疗，□□□□□□□），□□□□□□□，□□□□□□□□。

（四）妇婴卫生——改良接生（如推行新式助产，设置平民产院，本地妇女之助产训练等），妇婴卫生宣传及教育（如成人班授以个人卫生急救医疗常识，及家庭常识，儿童班授以卫生习惯，及救护常识等）。

（五）学校卫生及民众卫生教育——关于民众卫生教育者，如利用乡镇赶集、赶场日期，举办卫生展览，与新生活运动会等合办卫生运动，张贴标语，举行民众卫生讲演，利用报纸宣传等；关于学校卫生者，如学生健康检查，体格缺点之矫治（暂以沙眼、皮肤病、营养三项为主），卫生习惯之养成，环境卫生之改善（以防蚊、防蝇、饮食清洁为主），急救训练，简易治疗（以使用简易治疗医药箱为原则），善设运动场等。

（六）壮丁健康——重要疾病之治疗，体弱有病者之诊察，急救训练等。

（七）卫生器材及药品之贮备——抗战时期内，卫生器材及药品，国货少价昂，运输困难，不易获效，故必须拨发专款预先贮备，或就近制造，以应急需。

（八）其他——初级卫生之训练（种痘、急救、利用急救药箱、报告传染病、报告生死、改良井厕、推行新生活清洁运动，如为女性，更授以助产技能)，以及社会服务工作之推行(如设置公共食堂、公共浴室、制售豆浆等，其所需经费，以自给自立为原则)等。

丙、人员及经费

卫生事业建设所最感困难者，厥为专门人员及经费之不足，而人员尤为难。中央虽设有公共卫生人员训练所及战时卫生人员联合训练所，大量造就专材，无如幅员辽阔，需才至多，究属供不应求。各省县卫生机关设立后，应与各医学院、护士学校、助产学校、医事职业学校等，取得联络，培养所需人员。边疆省份，如能就地取材，予以受训机会，留为桑梓服务，优其薪给，加以保障，则于发展地方卫生事业，尤具坚固不摧之基础。至卫生事业所需之经费，省卫生处、省立医院、卫生试验所、卫生材料厂，以及省会卫生所(局)等，均为必要设立之机关，其经常费连同事业费须以省预算岁出百分之五为准则，至各县卫生院所需经费，以各地方已办者之经费，约需如次：

(一) 开办费	甲种	乙种
建筑费	二〇、〇〇〇元	一〇、〇〇〇元
设备费	五、〇〇〇元	三、〇〇〇元

(二) 经常费　依地方经济情形与工作实施需要酌情规定，其数额标准每月约定八〇〇元至二、〇〇〇元，其分配之百分率拟定

如次(指卫生院而言):

薪金　　百分之六十

办公费　　百分之一十

购置　　百分之二十

其他　　百分之一十

(三)卫生事业费　此项经费预算,专为推广乡镇及农村卫生工作,即举办卫生所、卫生分所及保卫生员之用(卫生院除外),其数额,可按本年地方经费情形,及工作计划,依照各单位经费标准酌定之。关于卫生所之单位经费标准,开办费约定四〇〇元至八〇〇元,经常费约定每月三〇〇元至五〇〇元,卫生分所开办费约定三〇〇元至四〇〇元,经常费约定每月五〇元至一〇〇元,保卫生员开办费五〇元,经常费约定每月二至五元。如今年拟定卫生所及若干卫生分所若干所,则卫生事业费,可按上述标准编列预算。又如,设置巡回卫生队,亦应预先规定单位经费标准,以利次第设施。

丁、推进步骤

省卫生组织大纲应先制定,俾设立之各省分[1],其现有之省卫生机关(各省卫生处或省卫生实验处或省卫生委员会等),均统一

① 现一般写作"省份"。

其组织，其未设立者，亦应依照即速成立，其应附设之省立医院、卫生材料厂等，亦均于省卫生处成立后，次第予以设立；而对于县乡卫生事业之推进，卫生处更应视环境情形，拟定逐年增设之次第，一方面训练生员以备不足，一方面确定卫生事业经费以利举办。在创办之初，地方经济人才未能充分，尤以技术方面之指导为需要，此应由中央予以充分之协助。凡一切地方卫生医疗设施，对于民众方面，均应以免费为原则，各地方如能依此推进，则公医制度方能逐步普及，而国民健康亦必日渐得以增进焉。

儿童保护与民族复兴

◎高　迈

一、儿童保护与民族复兴的相关度

三民主义民族主义内,曾详细阐明人口质量之改进问题,恢复民族固有道德与智能为增进人口品质之基准。关于人口数量方面,民族主义第一讲:“中国是全世界气候最温和的地方,物产顶丰富的地方,各国人所以一时不能来吞并的原因,是由他们的人口和中国的人口比较,还是太少,到一百年以后,如果我们的人口不增加,他们的人口增加得很多,他们便用多数来征服少数,一定要并吞中国,到了那个时候,中国不但是失去主权,要亡国,中国人并且要被他们民族所消化,还要灭种。”总理[①]又指出近百年来其他各

① 指孙中山。

国人口增加许多的缘故，是由于科学昌明、医学发达、卫生的设备一年比一年完全，所以减少死亡，增加生育。儿童为国家命脉，儿童保护工作直接影响人口质量之增进。

总裁[①]致中华慈幼协会第二次大会贺词中，已有详细说明："昔贤论治世之道曰：幼吾幼以及人之幼；又曰：如保赤子之心诚求之。近代欧美各国，于儿童之生活与教育莫不计虑周至，且多由国家负其全责，诚以种族强弱，国运攸系，而儿童教养之得失，尤为民族兴衰所由判；古今虽异，理则无殊，矧以我国今日所处环境之艰险，欲发扬民族之历史，巩固民族之生存，不仅有赖于吾人及身之努力，必寄其深望于次代国民之继续。故竭力培养儿童之精神基础，改进其体格，涵养其品性，使普遍沐受合理之陶冶，实为复兴民族之最基本工作。国家于此，固必以极大之力量，从事于保养教各项计划之实现，而匡襄振兴，使青幼之心理，尤其救济全国贫苦儿童之良心的义务，依次深入，而普及于人人。"

是以三民主义建国基础之本质而言，儿童保护为最重要之工作。

据一九三二年各国人民死亡率比较表所统计，德国八点六，中国三〇点〇；各国婴儿死亡率比较表，澳洲三九点〇，中国二〇〇点〇[②]；各国产妇死亡率比较表，丹麦二点四，中国一四点〇；各国

---

① 指蒋介石。

② 此处数据原书有误。

死亡人数中，因主要得传染病死亡之百分数死亡比率表，美国百分之九，中国百分之七二；各国人寿比较表，澳洲五五点二〇，中国三〇点〇〇。总上观察，每年各国人民、婴儿与产妇死亡率均推中国为首位，而死亡于传染病者，更以中国为第一，人民寿命之短促，亦以中国为最。尤要注意者，以中国每年人力、物力与财力损失数量之大，用之于抗战，足以与各帝国主义抗战数年而不竭，以每年损失之人力、物力、财力变为生产力，用之于建国，可以造成世界上最有力之领导国家。

民族自力充分之发展与表现，在全民族身心之康健，以我们的民族健康来说，需要改进的地方很多。根据民国十八年至二十三年[①]南京、上海、北平、青岛、威海卫、杭州、苏州、吴兴八大城市中小学校学生体格缺点统计，一二六、二八三人中有沙眼的六五、八二四，占百分之五二点一，一二四、二五三人中有牙病的五一、二〇七，占百分之四一点二，都是一例。又如前年报载渝市初中学生健康检查，五千人中仅有九十六个完全健康的学生，有人以为近代中国人底[②]道德坠落，怯懦、苟安、自私、贪财，意志薄弱，容易动摇，整个的原因是由于体魄不健，神经衰弱，无积极生活之光明的勇气和拓张事业的魄力，只想拿投机取巧不劳而获的方法占得虚荣和

① 1929—1934年。
② “底”作为结构助词时，即为“的”，后文同此。

生活的享受，不了解生活的真正幸福是在一健康体魄底活泼劳动。中国汉唐之人，西洋希腊和近代人，都了解这一点，他们文化底灿烂，是有它生理的基础，这不无理由。

今后充裕兵源，为抗战建国的要题，事实告诉我们，人口质量的并进与推行兵役，充实国力，有直接的关连，目前的壮丁医验体格水准，使得他们更加倍认识这个事相。

有人说当一个民族到了对于自己——尤其对于幼稚者[①]——也不爱惜珍重的时候，那个民族一定是衰落不振，一切文化的企图都谈不上。政治和教育是推动社会的两个轮子，从一个社会对于幼稚者的教养所有的考虑和所费的劳力，可以知道这个社会的健康状态和前途的希望，这句话很可发人猛省。

以具体事实而言，今日的儿童保护，不仅是昔日的慈幼事业，今日儿童保护的技术，在求全民族身心的发展，唯有求全民族身心发展的儿童保护工作，对于民族复兴的绩业，才有伟大的贡献。

二、儿童保护的史迹

今日的儿童保护，不仅是昔日的慈幼事业，但昔日的慈幼事业，确有光荣悠久的历史。《周礼·大司徒》以保息六养万民，首曰

① 指儿童。

慈幼。《礼记·王制》:“养耆老以致孝,恤孤独以逮不足。”我国慈幼的原则早有奠定。

两汉以后,即有种种保婴办法,历晋隋而不衰。如晋代王濬做巴蜀太守,邑人生子不举,濬严其科条,宽其徭役,所活数千人;南朝任昉为义兴守,禁民产子不举,有孕者辄助其资斧,全活数千余家,均属史例。至唐时又有寄养制度,为后代育婴堂组织之前驱。如李元纲《厚德录》所载:“刘彝所至多善政。其知虔州也,会江西饥歉,民多弃子于道上,彝揭榜通衢,有人收养,日给广惠仓米二升,每日一次抱至官中看视。又推行之县镇,细民利二升之给,皆为子养,故一境间子无夭关者。”即是一例。

到了宋代才有保婴的固定机关,南宋理宗淳祐间始创设慈幼局。吴自牧在《梦粱录》卷十八里说道:“局侧有局名慈幼,官给钱典雇乳妇,养在局中。如陋巷贫穷之家,或男女幼而失母,或无力抚养抛弃于官坊,官收归局养之,月给钱米绢布,使其饱暖,养育成人,听其自便生理,官无所拘,若民间之人愿收养者听,官仍月输钱一贯,米三斗,以三年住支。”南宋除寄养制度与留养制度并存而外,还有官赎鬻子与资助产妇两种办法。前者如仁宗庆历“八年二月己卯,赐瀛恩冀州缗钱二万,赎还饥民鬻子”;后者即“举子仓制度”,如理宗淳祐七年朱熹之所建议,实甚周详。其弟子赵汝愚更能推广其行:“初闻人生子贫者多不举,绍兴中朱文公请立举子仓,淳祐中赵汝愚帅闽，推广其意，括绝没之田产，召佃轮租，仍发籴本建仓收储，遇受孕五月以上者则尽于籍，逮免乳日，人给米一石三斗。”元明一仍旧贯，清初育婴堂才普遍设立，当时对于经费来源、组织与任务、入院手续、婴儿待遇、领养办法等项均有缜密规定。清代中叶以后，传教士来华日多，其举办之社会事业亦渐普遍，对于育婴养孤尤属注意，就民国二十年①内政部全国各省救济事业统计报告所列，江苏等十八省关于养孤与育婴机关合计有四九六所，救济人数共达四三、四二七人，经费统计共达一、〇九九、九〇六元，国内儿童保育事业现况，由此可略见一斑。

自抗战展开，儿童保护事业遂有长足之进步，于下节另述之。

三、儿童保护的改进与战时新制作

儿童保护的原则，现行民刑法内已有详细规定，《国籍法》《户籍法》《工厂法》等都寓有积极或消极保护的意义。

婴孩前期在《刑法》内已受保护，第二八八条至第二九二条规定堕胎罪即是此义。我国偏僻地方尚有溺婴习俗为害甚大，刑法第二七四条明白规定：“母于生产时或甫生产后杀其子女者处六月以上五年以下有期徒刑。”此为消极规定，积极方面虽无特殊限制，

① 即1931年。

但刑法第二九三条已有概括规定:“遗弃无自救力之人者处六月以下有期徒刑拘役或一百元以下罚金。”《民法》第一〇八四条复有“父母对于未成年之子女有保护及教养之权利义务”之规定,意义甚明。又《民法》第七条“胎儿以将来非死产者为限,关于其个人利益之保护视为既已出生”,出生后按照户籍法声请[①]人事登记。关于弃儿之出生登记,《户籍法》第五八条、第五九条另定办法,寓有保护意旨。至父母子女之关系,《民法》第三章规定详明,婚生子女与非婚生子女之确定,非婚生子女视为婚生子女之条件,认领、收养、养父母与养子女之关系,收养终止之条件,收养终止后之处置等是。第一〇六七条规定:“(一)受胎期间生父与生母有同居之事实者;(二)由生父所作之文书可证明其为生母者;(三)生母为生父强奸或略诱成奸者;(四)生母因生父滥用权势成奸者。有上列情形之一者,非婚生子女之生母或其他法定代理人得请求其生父认领。”又第一〇七七条:“养子女与养父母之关系除另有规定外,与婚生子女同。”由此对非婚生子女及养子女之利益保护至为明确,父母之对于未成年子女权利义务,除第一〇八四条已有积极规定外,余如第一〇八六条,第一〇八九条,第一〇九〇条,亦是如此。第一〇九〇条:“父母滥用其对于子女之权利时,其最近尊亲

① 指申请。

属或亲属会议得纠正之。纠正无效时，得请求法院宣告停止其权利之全部或一部。"而第一〇八五条："父母得于必要范围内欲，戒其子女。"此寓有防止父母对子女滥用权利以及虐待情事[1]的意义。

我国现行主法关于儿童保护已多有规定，因篇幅所限，姑撮要如上。

在行政方面，《各地方救济院规则》第五章有育婴所之规定，第三章有孤儿所之规定。育婴所之收养范围在贫苦及被遗弃之男女婴孩，惟须年在六岁以下，收养男女婴孩年满六岁以上时，应送入孤儿所。故孤儿所收养之范围在六岁以上十五岁以下贫苦无依之幼年男女，孤儿所收养之幼年男女，于成年出所时应介绍以相当职业。其他在收养期内之待遇，如饮食卫生等项亦有规定。民国二十年[2]内政部调查全国各省救济事业，曾发表全国各省救济事业统计报告：养孤与育婴机关，合计有四九六所，救济人数共达四三、四二七人，经费总计共达一、〇九九、九〇六元，儿童保育事业现况于此略见，惟各地原有儿童救济机关多习于故常，有待改进之处甚多。

自抗战军兴，政府对于儿童保护事业，已予以缜密注意，《非

① 即"事情"。
② 即 1931 年。

常时期救济难民办法大纲》及《战时迁移妇孺办法》，对于战时儿童保护已有顾及，关于灾民难民之救济运送收容给养、组织训练、移殖配置、职业介绍以及生产事业之举办及补助，孤苦及被灾难之儿童教养等项，均兼筹并顾，战时儿童收容机关，至今著有成绩，已昭然在人耳目，对于战时儿童收养功效至大。各地方对于儿童之接收、运送、收容亦办理著有成绩，各地方原有之孤儿院、育婴所等事业组织相同者多事整理合并，改为战时儿童教养院统筹办理。

战时儿童保育会于二十七年[①]间成立后，续在四川、成都、广东、广西、湖南、江西、安徽、浙江、贵州、河南、陕西、福建、云南、香港、陕甘宁等地成立分会，全国各地成立儿童保育院寄养处，或运接站，对于战时儿童保育贡献至多。

关于难童之救济教养，在培育健全体格，养成善良德性，培养国家民族意识，授予基本知识，训练生活技能，教养年龄及期限，教养方针，教养机关，教养事业之整理与改进，均为重要工作。以战时新型的儿童保护组织，作整个儿童保护机关刷新改进的导源，故今日新型的儿童保护组织同时负有革故鼎新的使命，今后从人力、物力、财力三方面求改进求充实，是民族复兴中的伟业。

---

① 即1938年。

四、今后儿童保护拟议

今日儿童保护和昔日的慈幼事业意义已有差异。今日儿童保护，认定今日之幼童孺子，即未来民族的主人翁，他们的前途，就是民族的前途，倘能施以特种保护，使能长大成为身心健全的国民，造福于民族，实不可限量。今日对于孤苦儿童的收容教养属诸社会分子应有责任，今日儿童保护事业应为全民族所应一致注意的事业，今日儿童保护事业所需要的大量财力物力需要大家共同负担，这种观念还不能为社会人士一致体认。今后还需要凭借宣传的力量促起注意。

关于儿童保护，我国现行法令已多寓此意，今后为推进儿童保护事业起见，是否需要参酌实际情形，订定系统的儿童保护法，颇资考虑。英国在二十世纪初至一九一八年之《妊产妇及乳儿保护法》，德国在一九二一年所通过的《德国儿童保护法》，美国在一九二一年的《母性保护法》，都可看出各国依据法律而达到统一的倾向。欧美各国所订有关儿童保护法当然各有时间空间的属性，采用的程度自有考虑之必要，然截长补短或有他山之助。

今日儿童保护事业之推进，革故鼎新，须同时并重。今日欧美各国关于胎儿保护、乳幼儿保护、学童保护、劳动儿童保护、孤贫儿保护、私生子保护、被虐待儿童、不良儿童保护等事未能尽善尽美，然其良法美意，值得参考的地方很多。例如，胎儿保护内英国的巡回助产制度、乳幼儿健康视察员制度，美国的妊产指导所制度，法国妊产妇补助制度，英美等国妊产妇保险制度，意大利的母子院制度，尤其值得我们的注意。皆为便于参考起见，爰将欧美各国现行儿童保护事业情况列篇后，期作借镜而资研究。

附：欧美各国现行儿童保护事业简况综述

一、胎儿保护（妊产妇保护）

1. 巡回助产

英国于一九〇二年制颁《助产士法》，于一九一八年修订，一九〇七年制定《生产登记法》，奠定巡回助产制度。

2. 乳幼儿健康视察员

英国于一九〇七年《生产登记法》实施之际，同时主要各都市即设置乳幼儿健康视察员，其任务在出生后三十六时间[①]以内的出生呈报提出以后，于二三日间一定要到那个家庭访问，对于产妇予以适当之帮助与指导，对一家庭一年至少访问八次，一直继续到满五岁为止。其次，如果死产，五岁以下乳幼儿死亡的时候，也一定要到那个家庭去视察。再则，如产妇不得已需要人工营养，若是得到难产或其他通知时，视察员也必须去访问，探明

① 即“三十六小时”。

其理由，且教之以适应的方法。此外，妊妇的访问、儿童健康指导所的视察等，也是他的任务，政府对于这个事业的费用，通常是有半额的补助。

3. 妊产妇指导所

英国于一九一八年制定《妊产妇及乳儿保护法》，妊产妇指导所随之激增。美国有常设中央指导部一百八十八所和指导所六千零八十八所，纽约妊产妇保护事业，在开始时，主要的是巡回保护，其探知妊产妇的方法，是看护妇从牛乳供给所、儿童健康指导所或是街头，或是户别访问，以及其他社会事业团体等接得通知后，知道产妇的地方时，就立刻记入记录簿，然后规定时间去访问。此外私立机关，如纽约产妇保护协会，该会于一九一八年设立，在市内主要的场所，设置妊产妇指导所二十五处，各指导所置看护妇一名，看护妇定时作户别访问，寻访妊产妇的有无，如发现妊妇即在那个家庭或指导所施以适应的保护。其他尚有十四个移动诊察所。

4. 平民产院

英国各都市公私设立的产院已甚普遍，政府得予补助，中产以下产妇常可免费住院。美国实施办法较有不同，但产院设置已臻普遍，纽约市公私产院有三十六所。

5. 妊产妇补助

法国于一九一三年规定《妊产妇补助金支给法》。英美等国有妊产妇保险制度，纽约州规定凡被保人劳动者之妻，得受内科、外科、哺育及分娩的保护，且在分娩之际，可特别受物资之支给，如遇母子同时患病，得受一年中二十六周以内的治疗。日本关于母性保护，在《工场法》《矿业法》《健康保护法》《救护法》等均有规定。

二、乳幼儿保护

1. 牛乳供给

德法诸国各地方常设置供给低廉牛乳，法国约有一百个都市采用这种方法，最初是公共团体对于私有团体的经营予以补助，逐渐由公共团体直接经营并普及全国。然奖励牛乳供给事业，反有碍于人工营养之推行，对于儿童的发达反有不良影响。

2. 母乳奖励

各国在工厂内设有授乳室，巴黎在一八八六年对于母乳营养给与奖金。我国母乳普遍实行，奖励一节似尚无必要。

3. 儿童健康指导所

业务在预防育儿之不良，在一定时间一定地点由专门医师或教授指导各个母亲，而使他们每天实行，特点在对于健康儿的诊察是事前的、预防的。英国自一九一八年制定《母性及乳儿保护法》以后，此项事业更臻普遍，其指导所不徒直接指导儿童保护，同时也做着母亲学校的事情，凡是母亲及儿童的卫生，乳儿保育的实际方法，以及裁缝烹饪等均须教授，其病儿与虚弱儿亦同时办理，病儿则送往医院，虚弱儿则于指导所附设保养所。英法等国，其儿童健康指导所事业均甚普遍推行，特著成效。

4. 托儿所

托儿所事业以年龄为标准，约可分为三类：第一是乳儿保育，名乳婴托儿所；第二是乳儿及幼儿同时收容，名乳幼儿托儿所，通常又名民间托儿所；第三仅收容三岁的学龄儿童，称为幼稚学校。欧美诸国第一与第三常完全区分，法国偏重第一类，美国以第二种为主，英德偏重于第三种。托儿所以经营之主体来分类，又可分为三种：（一）市区托儿所，（二）乡村托儿所，（三）特别机关托儿所。第三种如妇女协会、民众学校、职业补习学校、小学校等经营的托儿所等，其他有季节托儿所，即农忙时托儿所，在德法均甚发达。至体育学校，英国最为普遍，监护训练三岁以上五岁以下儿童之机关。以托儿所事业之特长而论，在客观方面可减少乳儿死亡，增进幼儿健康，启发幼儿知识；在主观方面则为：（一）母子爱之持续，（二）好学心之劝长；在家庭方面：（一）家庭家人增加，（二）家庭之改善；在事业方面：（一）经费之少额支出，（二）育儿院收容儿童之减少。

三、学童保护

1. 普及国民教育

使学龄儿童有就学机会，且须强迫入学。

2. 学童保护

学童保健以校医或学校看护妇为中心，校医不徒注意学童疾病，对于营养不良及缺食儿童也须有充分注意。欧美之学童给养与给食制度已有推行，法国推行最早，英德瑞士亦相继模效，对于虚弱儿童有林间学校，一八九五年德国曾有创设，英法相继设立，在美国已改称为“屋外学校”。

3. 劣等儿教育

先予以调查诊察，再设法为之纠正，以恢复其常态。欧美有儿童鉴别所，即在鉴别精神异常及不良儿童，波士顿市有鉴别不良少年精神状态之专有机关，从心理的、生理的、病理的及社会的四方面去调查，美国感化院中，现有一百四十五所鉴别所，他若特别学校在训练精神异常儿，欧美均有施行。

四、劳动儿童保护

1. 工厂儿童保护

关于工厂儿童保护，最要者在“最低年龄”的规定，“限制各种”方法的规定，工作时间的规定。欧美各国除工厂法外，都有劳动儿童保护法之制定。

2. 儿童园

儿童园为应儿童之游戏与娱乐上的设施，其种类有单独儿童园、公园内的儿童园、游园内的儿童园、学校附设儿童园、工厂附设儿童园、特殊儿童园、家庭儿童园等，大抵均须备有运动器具、休息娱乐设备、卫生设备、教育指导设备、儿童园之设备，欧美各国均已举办。

五、孤贫儿保护

1. 孤贫儿收容

各国均有公费救助与慈善家乐意救护，英国自一六〇一年《救贫法》实施以来，救助孤贫儿每年总数约二十四五万人，约三千五百万元，每人平均约一百五十元。法国则依据一九〇四年《儿童保护法》，每年救助儿童约二十万人，公费一千四百四十万元。美国育儿事业，公私所设机关约有一千所，每年收容约十二万人。育儿事业大抵不外厂院制与家庭养育制，后者以儿童在家庭应为最适当的保护场所，故贫儿或半孤儿仍以补助生活费为宜。其他有家庭委托制，选择适当的家庭，将孤贫儿委托抚养，继续予以监督，此制美国已在采行。

2. 母子扶助法

家庭为养育子女最善之场所，一般主张对于有子女之贫困妇人，应予以金钱扶助，美加利福利亚州①于一九一三年首创此制，并订定《母子扶助法》。

① 现多译为“加利福尼亚州”。

六、私生子保护

各国对于私生子保护大都均有明文规定并积极实施。

七、被虐待儿童保护

英之《儿童保护法》内已有规定，欧美各国并设置儿童虐待防止会，常与警察机关联络进行。

八、不良儿童保护

欧美各国，“儿童审判所”为保护不良儿童最重要机关，其鉴别诊察及拘留方法均有缜密注意。

【附注】上述概况系就欧美各国情形予以简列，至我国儿童保护事业现况，此处暂未列入。

合作保险与社会建设

◎ 何德鹤

一、绪言

有人误解了建设的意义，以为在大都市上造几座富丽堂皇的官邸，修几条康庄大道，就是建设；也有人误解社会建设的意义，以为在乡村里贴几张标语和办几座平民学校便满足了。殊不知社会建设决不在一点表面文章，而是建筑在大多数民众的经济基础之上，如果民众的经济基础，失去了保障而崩溃了，建设便成了空话！

尤其是在抗战期中，我们不能忽略大多数人民的经济利益，前方的军士各种的需要很大，我们要研究如何增加后方的生产；因为战争的耗费使国际贸易成了入超，我们要研究如何增加出口贸易；

因此我们不得不设法使后方的都市与乡村，繁荣起来，使每一个人民，发挥他们最大的效能。

于是全国上下，发动了各种“合作运动”。

合作运动是一种自力更生的运动，它能使消费者和生产者的手紧紧地握起来，踢开中间的剥削人；它可以用集团的力量，铺设人民坚实的经济基础；它可以补充战时的需要，调节物价的上涨；它也可以用最和平的方法，实现民生主义。

抗战后三年来的中国合作事业，迅速地开展，截至上年十一月底，合作运动已普遍于二十六个省市：后方各省、战区，以至于敌后各省市，莫不有合作社组织的，其总数为一一二、一九三所，社员为五五、九〇三人，贷款为八八、二七一、二七六元，如加上赣闽苏三省及敌后各区域，全国合作放款总额，在一万万[①]元以上【注一】。这种进步，可以指出政府提倡合作事业之努力，更可以指出人民对于合作事业，感觉到切实的需要。

我国在各项合作事业之中，发展得最迅速的是信用合作社，其次是消费合作社，再其次是生产合作社。其中尚未得着人民的注意的，是合作保险事业。为此，我们把这件人民不注意的事业，提请国人重视。

---

① 一万万等于一亿。

二、什么是合作保险

首先，让我们讨论什么是保险。法国学者爱马(J. Hemard)说："保险是一种互动的行为，彼此各纳保险费，如遇彼此任何一方有危险发生的时候，即可支取其因危险所受损失费，以资赔偿，其详细办法，应依照该机关所订之规则履行之。"【注二】这个定义，说明了保险事业的内容和其实际的情形。

比较说得广义些，是日本的柴官六。他说："所谓保险，就是人类为着要缓和及补救彼此间共同危险而组织的一种团体，以图共存共荣之意，也就是团体中的一员，如果受了损害，在全体团员方面，可以分担援救的一种制度。"【注三】在他的眼光中看起来，保险的职能，在消极方面，是填补损害的一种作用；在积极方面，可以增进共同的福利。

不幸得很，保险的原则固然是尽美尽善，可是在实际上，近代的保险事业，不但是企业化，而且是商业化了。许多大保险公司，用雄厚的资本，出现于通都大邑，一方面吸收游资，作投机的事业；另一方面，提高保险费，从事于剥削人民的血汗。保险事业在资本主义的社会制度之下，因之而变了质，形成了剥削的工具了。

因此我们所要提倡的，不是商人心目中的保险事业，不是投机性的保险事业，而是"人人为我，我为人人"的合作保险。

合作保险，是用合作社的方式把社员组织起来，每人按期缴纳社费，如遇社员有灾害的时候，用社员的酬金，来赔偿社员的损失。

合作保险与其他的商业保险最大不同之点是：人人都站在平等的原则之上，不以营利为目的，本着互助的宗旨，为社员谋利益，不仅是在灾害发生之后赔偿社员的损失，而是要在灾害未来之前，严厉地加以防范。

三、合作保险的分类

在我看起来，合作保险的分类，似乎没有与普通保险事业有分别的必要，据侯哲苍的分类【注四】："（一）根据保险的目标而分类，分为人身保险及财产保险；（二）根据参加的状况而分为自动保险及强制保险；（三）根据经费的主体而分为私营保险及公营保险；（四）根据保险的法律之形式而分为有限公司、互助社及合作保险社；（五）根据保险内部管理的方式而分为股份有限公司、互助社、组织合作保险社及混合组织；（六）根据保险的目的，可以分为公共保险、营利保险及互助保险；（七）根据被保险人单位分类，分为个人保险及团体保险；（八）根据保险费的缴纳的方法，分为固定制度及征费制度。"

侯氏的分类，可谓极周到之能事。但我以为在合作保险的制度之下，其分类不妨从简略，可分为：农业合作保险、工业合作保险及自由合作保险三类。农业合作保险，又分：家畜保险、虫灾保险、水灾保险、旱灾保险、风雹保险。工业合作保险，又分：失业保险、罢工保险、工作危害保险、物价保险、运输保险。自由合作保险，又分：人寿保险、疾病保险、养老保险、火灾保险。

先说农业合作保险。在家畜保险项下，凡加入保险社者，其家畜因瘟疫而死亡时，可以向合作社请求赔偿；瘟疫未开始时，由合作社妥为预防，病症在传播时，施行隔绝，所以社内应当聘请兽医担任顾问之责。虫灾、水灾及旱灾保险，亦应聘请农业专家和水利专家，从事预防。

次论工业合作保险。在罢工或失业期间，工人生活无法维持，如果有合作保险的组织，工人平时按期缴纳保险费，临时有工潮或闭厂之事发生，工人的用费可由合作保险社发给，以资维持生活。工作危害保险，指工人因工作而受伤者，可向保险社领取医药及生活费。物价保险指物价上涨时，工人生活发生困难，可向保险社领取津贴。运输保险，是指工厂货物之海陆运输遇有危险而致损失者，由保险社赔偿。

再次，在自由合作保险项下，人寿保险，亦称死亡保险，其办法与普通保险公司相似；所不同者，其保险费额，不宜太大，以免形成一种侥幸的投机事业。疾病保险，指社员在患病期间，由社内供给疗养费。养老保险，应规定一个养老的年龄，普遍以六十岁为标准。火灾保险与普通商业的火灾保险公司相同,其保险金额亦宜规定到最低的限度。

社会建设以农工为中心,所以在以上的分类,凡有关于商业的保险,概不列入。自由保险项下包括了人类偶然遭遇的灾祸,农工亦随时可以遇到,所以有保险的必要。

会员愈多愈好,因为可以减少赔偿时每一个会员的担负;组织愈简单愈好,可以节省全社的开支。这是在组织合作保险社时应有的原则。

四、合作保险的原则

(一)除了法西斯与共产主义的国家之外,合作社的原则是偏重于自由精神的,就是不得强迫社员加入合作社。正如查理·李特(Charles Gide)所说:“在爱自由的诚心一点而言,合作学派更接近于经济的自由学派,合作学派用以达到目的的方法,是自由的结社,是个人善行的结合,它希望规条愈少愈好。”【注五】合作保险是根据合作的原理而组织的保险事业,所以加入保险社的时候,完全根据自由的精神,以志愿为前提;凡不愿加入者决不勉强其加入,因为农人与工人的收入有限,如果其每年所得,不足以维持其最低的生活,此时要强迫其加入保险社,按期付款,确是不可能之事。再说,经济能力不足的人,即使加入了保险社,不能有始有终地缴纳保险费,社务必受其影响。至于使人民负债而加入保险社,更是不经济之事。社员的加入固然是绝对的自由,社员的退出,亦不必过分地限制;只要经过一定的手续,是可以自动出社的。

(二) 除了出社入社,保持自由的精神之外,已入社的社员,应当有民主的精神。在合作保险社下,一面是东家,一面也是顾客,保险者与被保险者是合一的。每年社内所得的盈余,仍旧归还社员;如有亏蚀,亦由社员全体大会议决由社员弥补;或是增加股本,或是增加保险费,或是在年终结账的时候,由社员缴纳损失费。此外理事的推选和罢免,社务的改进和取决,都要有民主的精神。

有一点,要特别提出的:合作保险社的盈余,不依股份的多少而分配给股东,而依被保险人所付的保险费的多少而分配给被保险人;此点与普通的消费合作社相同,消费合作社盈余的分配,是依照社员购买量而分配的,这样才可以鼓励社员对于保险事业的热心,可以使保险社的基础雄厚起来。

无论社内社外的事,社员必须负共同的责任,大至于社的改组与解散,小至于社员的加入与退出,都应当本着平等的精神,使每一个社员,都有参与的机会。只有社务的公开,可以减少社员的怀疑与误会,可以使真正互助的精神表现出来。

(三) 合作保险事业,应当注意事前的防范,不应当完全以事后的赔偿为中心事业。在农业合作保险社内,每年应当提出一笔费用,去防制瘟疫、虫灾以及水旱之灾。在工业合作保险社内,保险社应当和工会及政府立法机关合作,研究如何防范失业、罢工和工人所遭受的危险。同样,在自由合作保险社之下,应当注意到环境卫生,注意到房屋的建造及消防设备。合作保险以谋公共幸福为前提,在被保险方面,不以营利为目的;在保险者方面,也不存侥幸的心理;所以事前的防范,胜于事后的赔偿。

(四)合作保险事业,应具有独立的精神,不应与他项事业混淆不清。虽然有些消费合作社下,附设保险部者,但是这一部分的事权,仍旧应当独立:因为保险事业,应当注意到信用,万一款项被别的方面挪移,到灾害发生需要赔偿的时候,便无法应付了。

在行政上亦是如此,附设在消费合作社的保险部,也应当有独立的事权,以免头绪不清,是非不明。有许多事实证明,合作社是崩溃了,而保险事业并未失败,所以两种作用不同的机构,最好将其界限划开。

最不相宜的,是以合作保险的经费,举办其他的投机事业,投机事业失败了,可以使整个合作保险社的生命毁灭。

根据以上的讨论,我们在经营合作保险事业的时候,应当注意下列各项原则:

1. 应当具有自由的精神。

2. 应当履行民主制度。

3. 应当防患于未然。

4. 行政与经费应当独立。

五、合作保险的资金问题

(一) 资金的来源,可分为下列各项:

1. 实收股本。合作保险社的实收股本,多多益善,社员的股本愈多,愈可以减少遇有灾害时,社员所担负的赔偿费。但是每一个社员所担负的股本额,应当有一定的限度,最好每股股额不得超过全部股额的十分之一,以免少数社员操纵全社的经济权。

2. 保证股本。保证股本是指在社员缺乏现款的时候,提出动产或不动产作为资本。社中有盈余时,他可以依其保证财产的价值,提出盈利;如在保险社缺乏现金时,亦可变卖其财产作为赔偿。

3. 公积金。正如其他的合作社一样,合作保险社有公积金的规定,每年在盈余项下,抽出百分之五至百分之十五的公积金。此项公积金的用途,在增加保险社的实力,通常称为普通公积金。

此外在保险费下,亦提出一部分的公积金,作为预防证券跌价或填补呆账之用,通常为保险公积金。以上两种公积金,虽在社员退社时,亦不得退还社员。

4. 补助金。此项系指在消费合作社下附属的保险事业而言,在此种附属的保险事业之下,感觉到资金缺乏的时候,可由合作社盈余项下提出若干层的公积金，拨为保险部的资本，此项资本作为保险部向合作社的贷款，直到保险事业发达而有盈余的时候，再设法归还。

根据国际劳工局的统计："一九三四年全世界二十六家城市合作保险社，共有实收及保证资本五、八九三、〇〇〇法郎。普通公积金五五、〇七三、〇〇〇法郎，普通公积金，约为资本金之九倍。此外尚有保险公积金五一四、〇八九、〇〇〇法郎，资产总额共计为六〇七、八五七、〇〇〇法郎，保险总额为六、八二四、八七八、〇〇〇法郎，资产总额约占保险总额百分之九。在许多国家中，合作保险社的资产，对保险额的比例，相较一般保险公司为高；由此可见，合作保险社的基础，实在已达到相当牢固的地步，其安全性并不见不如资本雄厚的普通保险公司。"【注六】

再说到全世界二十七家农村合作保险社："全世界二十七家农村合作保险社，共有实收及保证资本一一、二一一、〇〇〇法郎。普通公积金一三、五一二、〇〇〇法郎。普通公积金与资本相差无几。此外尚有保险公积金三九、九〇二、〇〇〇法郎，资产总额为九六、三五二、〇〇〇法郎。保险总额为五、二四五、八八二、〇〇〇法郎。资产总额约占保险总额百分之二。"【注七】

因此我们可以知道：

1. 无论都市合作保险社或农村合作保险社，其保险额，都大于资产的总额。

2. 农村合作保险社，多半有巨额的资本，但其公积金，不及都市合作保险社之多。

因此我们可以作一结论：

在开始组织合作保险社的时候，资产的总额虽小，但不足以妨碍合作保险事业的发达，只要保险的人数增加，即可顺利地开展；一般地说起来，都市合作保险事业，比农村合作保险事业，较易发达。

（二）资金的运用。合作保险社资金的运用，不外下列各项：抵押放款、地产投资、证券、银行存款以及保证放款。

各国合作保险的放款情形，各有不同。抵押放款和地产投资，占百分之五十以上者，为保加利亚、芬兰、德国、匈牙利、挪威、瑞士、美国等。投资于购买证券占百分之五十以上者，为丹麦及荷兰。存款于银行占百分之五十以上者为爱沙尼亚及罗马尼亚。至于保证放款，则占少数。【注八】

合作保险社投资于团体者，亦复不少。例如，英、法、丹麦、瑞典、挪威等国的合作保险社，对合作社的放款颇多，芬兰、比利时、荷兰等国投资于工会者颇多，此外尚有投资于政府机关者，也有直接贷款给政府或购买政府所发售的证券。

合作保险社资金的运用，应当按照保险社的资金大小而有所不同。资金不充分的小型的社里，最好存款限于银行，以便临时支取；大规模的保险社则可以将其一部分的资产投入地产，抵押贷款或者购买证券，这样比较银行存款的利息要高一些。投资不宜集中于一处，即以存款于银行而论，最好也存入于两个银行以上，至于投资于地产，抵押放款或购买证券，更不应当集中于一处，作孤注一掷。因为万一银行破产或投资对象的事业失败了，保险社的信用亦必完全丧失矣。

有人提倡用合作保险社的资本，经营合作住宅或合作食堂之类。这在原则上固无不可；但是我不主张此类投资的尝试，因为经营住宅或食堂，是一种专门的技术，随时有失败的可能。为着保护这新兴的事业起见，不愿意它失败而失去社会的信仰。

举一个例子：中国的消费合作事业，在过去失败的很多，其失败的理由，不是因为消费合作社理论之不健全，而是因为经营之未得法；可是现在社会上一般人提起经营消费合作社，都感觉到灰心，足见一种事业在开始的时候，我们宁可审慎将事，而不应当好高骛远，造成不幸的失败。合作保险事业，应以此为前车之鉴。

六、合作保险社的组织问题

(一) 组织的单位。保险的单位，可以分为个人与团体两种。个人单位下包括了一人保险和一户保险；团体单位下包括了社团保险和集体保险，社团指工厂、商店、工会、合作社与各种慈善机关，集体保险指一个公共机关中的人员自动地实行保险制度。

社团保险是指用团体的名义，加入合作保险社为团体社员。与个人单位，负共同的责任。他们的入社费，应当比个人社员为高，但是他们在保险所享的权利，则与个人社员相同。

集体保险是指一个团体之中的个人自动地组织起来，实行保险制度。此项制度，在美国颇为发达：美国现在此种集体的生命保险，有六百五十万人，保险的总额已达一百万万的美金。此外坎拿大与瑞士等国，每年皆有长足的进展。【注九】

在法国，工厂里的工人，实行集体保险，它的对象是疾病与死亡保险，每一个工人要在他的工资里，提出若干层的工资，作为保险费，遇有工人疾病或死亡时，便由保险费项下提出赔偿费。遇有盈利的时候，再分还给社员。

根据一九三二年国际合作联盟的报告，世界各国个人保险与集体保险的分类如次：

	个人保险	集体保险
被保险合作社数	六五、八〇一所	二八、〇九五所
被保险的个人数	一〇、二二五、六一四人	五、七〇三、四七九人

有效保险额	六二六、九〇二、六七五磅	八二、六六八、六〇二磅
保险费收入	七、一五一、五六二磅	五六七、九六九磅
付出赔款	二、四八一、三四四磅	四七七、四一一磅

由上面的数据，可知合作社社员，除了举行个人保险之外，亦实行集体保险。有些合作社在发达了之后，由该社每年提出若干的资金，作为保险基金，为社员火灾、疾病和死亡之用。此种办法，在原理上说，并非保险事业，不过是合作社对社员的一种特殊的救济而已。

（二）组织的范围。合作保险的范围，应当尽量地扩大，这样才可以减少社员的负担。举例子说：两个人所组织的保险社，遇有灾害到来的时候，每人各损失一半，在两千人所组织的保险社之下，遇有灾害，每一社员，只损失二千分之一。所以从事于合作保险事业的人，应当极力扩充其组织的范围。

合作保险社应当兼营还是专营呢？通常在都市里，多数是兼营的。就是一个合作保险社，同时经营寿险、火险及失业保险，这样可以节省开支而扩大其范围。同时，一个社员可以同时保两个以上的险。在乡村里的农业保险，通常是专营的。保火险的不保牲畜险；保人寿险的，不保风雹险。因为乡村中的农民是散居的，如果用兼营的方式经营合作保险事业，必定感觉到人力不够分配，最好采取专营的方式。

至于全国性的中央合作保险社，多为“再保险”(Re-Insurance)的机关，在法国与保加利亚是采取专营制度的。这些再保险机关，享受政府的津贴，甚至于接受政府的股本，以减少人民保险费的负担；在此种情形之下，如果保险社经营数种业务，则政府对于其中某一部分加以津贴，便不大合理。所以中央合作保险社，多半是专营的，但也有例外：如澳洲、英国与匈牙利，则采取兼营的形式。

（三）组织的系统。首先，我趁此机会介绍法国农业合作保险的组织【注一〇】：

1. 地方社。这是法国农业合作保险最小的单位，通常是拿一个村庄做范围的，在村庄里，选出勤苦耐劳的村民，作为社员，每人都要有道德心与责任心，通力合作，做预防灾害和赔偿损失的工作。其中包括了火灾、意外险灾和牲畜灾害四[①]种保险社。

2. 地区社。合许多地方社而形成地区的农业合作保险社。地方社成为地区社的社员。地区社负责指导地方社的行政、法律和技术上的事项，每年由各地方社按其组织之大小，缴纳若干会费，作为地区社的经费。同时按期缴纳保险费，作为再保险的经费。这样，遇有灾害发生，可以减少各地方社的负担，地区社的理

① 此处原文似有误，或为“三”。

事，由各地方社代表中互选，管理地区社的行政事宜。

3. 中央社。这是各种地区社以上的一个总社，负责指导全国的合作保险社，由各处的地区社所推的代表组织而成。在法国全境，共有五个保险合作的中央社。一，中央火灾合作保险社。二，中央意外危险合作保险社。三，中央人寿保险合作社。四，中央牲畜合作保险社。五，中央互助救济社。

法国的地方社在初成立的期间二年之内，可以得着政府的津贴，作为开办费。又如果地方社，有重大的赔偿额而至于不能维持社务的时候，亦得向政府请求津贴。地区社亦可向政府请求津贴，作为开办费与周转运营时的特别费用。

在我们研究了法国农业合作保险社的组织之后，可以得着两点结论：(一) 法国的合作保险事业其组织是由下而上的，上层是下层再保险的机构；(二) 政府尽力提倡合作保险事业，并在经济上，对各级合作保险社作有效的援助。中国的合作保险事业组织的系统，大可以法国的为参考。

至于合作保险社的内部组织，我以为可以参照合作社的组织办法：由社员选出理事与监事，每人只有一票权，除了必要的职员外，理事与监事，一概不支薪水。除团体社员外，每人的股本应受限制，赔偿费是按照保险费额的大小而支付的。

(四) 经理处的设立。普通合作社介绍社员，介绍人从来没有收费的。但在合作保险社内大多数雇用经理人员，其职务在招揽保险者，按照其成绩之优劣，由社给予酬报。现计英国有合作保险社的经理一万二千人，芬兰有七千五百人，丹麦有三千六百人，挪威有一千四百人【注一一】。

为什么要设经理处？因为一般人对于保险事业没有认识，更不知道保险事业的重要性。经理人的设置，便于在向人民说明这种重要性，并宣传其利益。在社员已经加入保险社之后，经理人还要负责调查各社员的经济状况、职业，与地址是否有更变，保险费是否按期缴纳。

在目前，保险事业在中国，尚为萌芽时期。一般人民对于合作保险的意义，不甚明了；所以经理处的设立，似有必要。经理人不必专任，报酬的多寡，按照其介绍入社人数的多少为标准。等到将来人员知识程度增加之后，明白了合作保险的意义，再废除经理人的制度。

七、再保险问题

保险社将自己所担任的危险之一部或全部，再在别的大规模机关里去保险，而图减少负担，这种保险，叫做再保险。许多国营或商营的保险公司，便执行这种再保险的制度。

最理想的再保险制度，便是依照上面所述的法国农业合作社的办法：由下层的地方社联合起来组织地区社，再由地区社联合起来，组织中央社。

不过在中国合作保险事业草创的时候，如果要各级保险合作社组织起来，似乎是不可能；在初办的时候，可用下列两种办法：

1. 各社的联合保险：就是两个以上的社联合起来，规定互相保险的章则，如果甲社有损失时，乙社负连带赔偿的责任，丙社丁社以及所有加入联合保险的单位，都负起连带的责任，以减少过大的担负。印度已经实行了这种办法。

2. 向商营的保险公司再保险：合作保险社可以用团体的单位，向商营的保险公司缴纳保险费。遇有因损失而赔偿时，由保险公司，付出一部分的赔偿费。在保加利亚和挪威，已经实行了这种办法。

还有些国家的合作保险社，向外国的合作保险社投保再保险，国际合作联盟的保险委员会，曾使英、法、保加利亚、芬兰及斯坎迪那维亚①各国的合作保险社，相互间缔结一些再保险的契约。这样，沟通了国际间的合作保险事业。

理想中的合作保险事业，当有多重的再保险机关。

八、合作保险与社会建设的关系

（一）从国民经济的立场上说：一个国家的建设，不是靠少数

① 今译为“斯堪的纳维亚”。

人员财富的集中，而在多数人的财富有均衡发展。合作事业的本质，原在“人人为我，我为人人”，以求大众利益的增进。保险事业的原则，本有合作的意味，再合作保险，更是保险事业的一个部门。用群众的力量，去防止偶然的灾害之降临。换句话说，这就是群策群力，保证国民经济的基础。我们虽然在消费、生产，以至于信用合作上努过力，但是这些由辛苦而换来的成绩，还须予以坚固的保障。合作保险便是要完成这种使命！

（二）从节制资本的立场上说：近代商营的保险公司，成为私人的大企业，也成为使资本集中的因素之一。国家既没有与民争利垄断保险事业的必要，而保险事业的本身，又自有其存在的价值。最好的方法，是推动合作保险事业，使每一个被保险的人都成为保险社的主人；用集团的力量，保障各人的利益，盈余归于大众，亏损亦由大众负担。

（三）从抗战建国的立场上说：在此抗战期间，每个人的生命财产，随时有被敌人侵害的危险。昨天是百万富翁，明天也许会穷得身无立锥之地，生命也是朝不保夕。由此推论到一切的工业与农业，都缺乏了保障。合作保险事业能补救这种缺陷，它不但可以鼓励前方将士杀敌的勇气，而且可以增进后方的生产事业。

（四）从社会秩序的立场上说：社会的不安宁，由于富者之不能安其业，贫者不能安其身。一次的天灾人祸使富者倾家荡产，贫者死于沟壑。于是乎道德衰落,秩序破败,人人都有惶惶不可终日的心理。生活的态度,不是苟且偷安,便是孤注一掷,这仍旧是因为生命缺乏了保障的原故:如果合作保险的事业发展了,可以使人人知道幸福的来临,不在彼此间的欺骗与欺诈,而在于相互间合作与同情。所以合作保险是保证社会秩序的一种事业。

希望政府领导民众,提倡合作保险事业,它的行政系统,最好隶属于经济部全国合作事业管理局,以求其统一。金融上最好有国家银行——尤其是农民银行——共同协商贷款的方法,使没有保险能力的人民,可以借资保险;使没有开办费的合作保险社,得着国家的津贴和补助。

当然,我们反对这种自由而民主的合作保险事业,完全寄生于政府的翼卵之下,使它失去了独立性。但是以中国人民教育程度之落后,经济之枯窘,在提倡的初期,政府是要负责任的。

民国二十八年①的夏天,四川省曾经一度实行过猪瘟保险,也收了一些效果,足见合作保险事业,已经局部地在尝试了。又闻中国农民银行有设立保险部的动议,我们盼望这个保险部用合作原理去经营,而不要形成一个变相的商业保险公司。

社会建设是千头万绪的,合作保险是其中一个有力的先锋!

① 即 1939 年。

【注一】见民国二十九年[1]经济部全国合作事业管理局所发表之数字。

【注二】见 J. Hemard：Theorie et pratique des Assurances terres。

【注三】柴官六著：保险学概论。

【注四】侯哲苍论文《合作保险论》，载《农村合作》二卷八期。

【注五】见李特著《合作原理比较研究》(彭师勤译，页三〇)

【注六】张天愚论文《合作保险与合作金融》，载《农村合作》二卷八期。

【注七】见同上。

【注八】国际劳工局"一九三四年之统计"。

【注九】观平卫论文《合作保险的组织》，载《农村合作》二卷八期。

【注一〇】见拙著：Etat actue de la Cooperative xxxxx France。

【注一一】见国际劳工局"一九三四年之统计"。

① 即 1940 年。

社会调查与社会计划

◎ 李景汉

这个题目是本专刊编者分配给我写的。它引起了我许多过去的回忆和感想。我与社会调查结缘将近二十年了，仍是常听到对此种工作有这样怀疑的话："究竟社会调查与社会有甚么①好处？"我的答案是：的确有些调查是"为调查而调查"，为求得知识而调查，甚至有的似乎只是学者的"玩意儿"，但其实际的功能不止于此。在十余年前的拙著《实地社会调查方法》内，对于社会调查的意义，有大致如下的说明：应用的社会调查是以有系统的科学方法，实地探索社会事实，分析所搜集的材料，洞悉社会背景，说明社

① 即"什么"。

会现象构成的要素，和其因果的关系，认清社会问题的性质与其范围。一方面在理论上发现社会原则，有学术上的贡献；在另一方面尤为重要者是根据可靠的研究结果，更进一步拟定社会建设计划及实施之具体方案，建议地方当局。同时以此有力的、事实胜于雄辩的资料，唤起各方民众，使其觉悟地方改善的需要与可能，共同促成建设计划的实现。我老早对于社会调查是如此的看法，现在仍然是如此的看法，并且对于社会调查的信仰与日俱增，益加坚决。我就不能设想若无社会调查而能有完善之社会计划的可能。这就与不先察病源而开药是同样的危险。闭门造车的计划，免不了出门未必合辙的结果。即或勉强实施，亦难免削足适履的错误。周到的计划一定要根据真正的事实，要取得真正的事实，检验、调查外，别无其他更好的途径。否则不知要费多少精力，耽误多少时间，才发见[①]原来计划的错误与其适合的修正。现在是科学的时代，以玄想来建设乌托邦的时代已经过去了。

事实上，社会调查不但在欧美各国社会已经收到了实际的效用，就是在中国，也有一些认真从事社会改良的有心人士已经把社会调查看为是社会建设的基础工作了。例如，作者所参加过的前河北省实验县的县政建设研究院即设调查、研究、实验、推广四部。

① 即“发现”。

其工作进行的步骤是：第一步，首先由调查部工作人员调查全县人口、土地、农业、工业、商业、组织、教育等实况，将整理分析的材料随时供给研究部；第二步，研究部工作人员即根据所调查之事实与所发见之问题，研讨问题之解决办法，与改进之计划；并与实验部（即县政府，县长由实验部主任兼任）合作，根据地方社会情形与行政机构商定实施的具体办法；第三步，院务会议通过之设计，由县政府执行，并随时报告实验之成绩，同时调查部亦调查各种设计实施后与民众实际生活所发生之影响，由研究部将研究更完善之计划，再由实验部实施，这样来得到实验的最后结果；第四步，将在实验县实验成功之计划，由推广部权酌全省情形，拟具推广之办法，协助省政府，推行于省内各县。选择由调查而研究，由研究而实验，由实验而推广，才是最成功、最经济、最合适的建设途径。因为唯有如此，才能避免一切不合实际的成见、偏见和种种主观的想像。先举行科学的社会调查，后作适合社会情形的计划，与先诊断病源，后开对症之药方，或先量足之大小，后做适足之鞋，是同样的道理。

中国向来是文章的国家。当轴和大多数兼政客的文人是最会计算的，但多半是闭门造车，不合实际的空洞理想。其结果，小而贻害地方社会，大而祸及全国。而一般人又多以为调查研究是多余的事，麻烦的事。其实，由调查研究而达到真正的建设是最直接而短的坦途。欲走其他以为是便捷的路，反倒绕了远，费了事，吃了大亏。平日尚可模糊从事，搁得住耽误。当此国难严重期间，应该大觉大悟，不再踏以往的故障了。

社会调查与社会计划之密切关系，已扼要地略述如上。现在让我们来讨论所用的社会调查如何能够实现到社会机构里面去，而真能和社会计划切实地联系起来。这可以由公私两方面入手进行。所谓公的方面，把社会调查切实放在政府的机构里面。现代国家的多种国情普查工作，就是把一般的社会调查，由政府包办了。因为有的社会调查，惟有由政府举行，才能普遍周到，如人口、土地、农、工、商、矿等社会的基本材料。这一方面大致多属量的调查，得到重要的数字。所谓私的方面是由私人团体、学术机关分别举行，这一方面大致多属质的方面，注重与民众实际生活有关的社会问题。

关于国情普查的工作，我向来是主张加重在县单位的调查工作，也就是说加强健全国情普查的下属机构。当此中央正在注意县政改革的时候，不妨把我的老调在此新弹一下。县向来为政治的基础。县内有了调查的严密组织，其重要性是非常显著的，其需要是多方面的。

第一，有了健全的县调查机构，中央才能够得到全国普遍的有系统的各种需要的大量材料，为国家建设计划的根据。已往材料缺乏的原因，由于各地公私调查规模之狭小，零星片段，且各自为谋，不相联属，并缺少通盘计划，互相重复。其结果则事项与数量均感不足，质的方面亦多不可靠。不精确之重要原因在于县政府不重视调查。大多数县内无专人负责。往往调查限期又甚短促，表格亦不清楚，来源亦不统一。国情普查之表格，由中央颁发到省，又由省而县，其中一部分又由县而区，由区而乡、保。县以下之行政机构既无实地调查，而民众又多畏惧怀疑，时怀戒心，防备受害。因此对于调查，敷衍支应，阳奉阴违。大部分之调查多由县政府人员揣测填报。就这样的由县呈报到省政府，再由省政府呈报到中央政府，材料之来源如此，即使中央有完备之统计调查机关也无能为力了。中央根据这种材料作建设计划，是多么不妥当，从而可知县单位调查的重要性是如何的不能忽略。

可靠的县调查材料，不但与建国整个计划有极大的影响，就是对于地方社会的改良与县行政效率的增进亦有密切的关系，同时对于学术上的贡献也是非常重要的。从前在北平清华，同吴景超先生，我们常谈到一点，就是有了健全的县单位调查以后，则各县即可采用调查材料来编辑本县县志。这种新体裁的县志，其内容当然比以前的县志好得多了。若全国二千余县同时出了二千多部县志，而县志内的纲目又是整齐划一的，从事社会研究者能够得到这种大量的社会基本材料，将要如何的兴奋与应用。

若要县单位调查制度的实现和健全,须注意到数点。全国各县内一律设置调查统计室而有专人负责,且不轻易更动室内人员,乡镇保内亦各有负责之调查人员。县政府各科对于调查分工合作由调查统计室总其成。认真训练与调查有关之人员。而尤重要之一点是县调查工作要由简而入繁,分期举行。不要希望"一口吃成个胖子"!第一年的调查工作,所搜集的材料为最基本的和最急需的,并且是比较简单易行的事项,而力避繁重。第二年增加比较繁重而复杂的事项。第三年希望达到应有尽有的程度。但在第一年内,除认真完成该年度指定之工作外,即从事准备与练习第二年度应有之工作,第二年内,又从事准备第三年应完成之工作。每年内亦随时分类记载县内之社会活动,至年终编某年大事记(作者前曾在某实验县长年从事此种工作,结果甚佳)。每年出调查报告一次,每十年出县志一次。如此循序渐进,完成健全的县调查制度。

此外尚有应注意之一点,亦可顺便在此提及,即在县单位调查,还在没有入轨道之前,中央调查统计机关,可斟酌国情普查各项之轻重缓急,分别从事调查方法之研究实验,以树将来各县调查之模范。在实验时应格外注意几个基本的原则。即向来政府不举办一种事业则已,一举办一种事业,往往在开始时犯三种毛病,即繁重、难作、靡费。其结果则表面冠冕堂皇,内容有名无实。尤其是当此国难之下,我们应绝对地避免这数种毛病。这样在实验时,第一，调查所包括的项目要力求简单，无须把欧美现代国家所已有的项目都列进去，装饰门面。如果这样，结果将要都办不好。因为现在调查人员的质量和民众对于调查的知识等许多条件都还不够。我们要承认是才在开始走上现代国家的路。要举办人口普查也好，农业普查也好，只包括那些少数目下国家最急需的事项，就够了，而把不很需要亦有意义的事项留待将来加入。与其项目多，都调查不精确。不如项目少而力求办到精确，因为项目少较为易办到完备的程度。

第二，易行。不但项目简单易办得到，也要在调查的方法上力求简单合理，使研究实验的方法能在一般社会情形之下都能行得通的。大致说是能由各地方就地取材，而来办理地方调查的。

第三，省钱。要以最经济的方法，完成各种普查工作，尽量节省不必需的靡费，不致因举行普查而使地方公款和民众负担发生大的困难。现在清华大学国情普查研究所就是按照这几个原则正在云南从事实验种种国情普查的工作。

关于较为精密的社会调查，如各地的风俗习惯、语言、组织、文化各方面的调查分析，可多由学术机关举办。已往的社会研究团体多各自为谋，致有工作重复的弊病。以后实应避免，力求分工合作。

再者，对国家社会需要之调查，学术机关应与政府合作，尽量协助政府，尤其是县政府，健全其调查制度。例如，各大学有社会系者，其教师与学生，可协助其附近县市从事调查工作。在假期内可分配学生于较远之县份，实地参加调查统计工作。这样，不但各县之调查工作得到很大的助力，学生亦可借此实地练习，并在此国难期间，有参加建国工作的机会。

如果应用的社会调查，能够如此公私两方互相联动地推动进展，则社会事实的材料在质量两方面，其可靠与丰富将与日俱增，社会计划亦将因之更为适合社会实际情形，因而就更能收社会建设之实效了。

社会建设与统计

◎汪　龙

一

总裁于《三民主义之体系及其实行程序》一文内，认为“我们训政工作方在中途，突然遭遇寇难，革命前途横着比从前更顽强更严重的障碍，所以我们日常的工作，应该以军政时期为本，而同时加紧训政时期的工作，以期抗战建国，得以同时完成”。故除主张要实行“军法之治”，建立教育、经济、军事三者所构成之整个的革命武力，以抵御外侮，扫除障碍外，还须加速进行“约法之治”，以期地方自治的开始实行。根据总裁的启示，地方自治的建立，应包括五项建设：一、心理建设，二、伦理建设，三、社会建设，四、政治建设，五、经济建设。其中关于社会建设的要务与目标，总裁曾有扼要的说明:“社会建设实际就是具体而微的政治建设,条目上和政治建设大同小异,所不同者,其范围更切近于民众,其功效更着重于基层,所以社会建设当以总理的民权初步作轨范,以组织保甲及社会法定团体为基础,以推行地方自治开始实行法的各种基层工作为要务。……我们要想起衰振敝,救亡复兴,一定要大家想方法来加强社会组织,充实社会力量,建设健全社会,以为建设新国家的基础。我们要达到这个目的,应当做的事情很多,……然而最主要的一个共同的中心目标,就是要使社会上一切分子的生活行动,都能遵循一定的规律,使社会上一切有关人民福利的基本事业,都能有程序的兴举起来。”抗战期间社会建设的重要,可以想见。

如何使社会上一切分子的生活行动,都能遵循一定的规律?自非事先彻底明了由于人类生活行动所造成的社会现象不可。如何使一切有关人民福利的基本事业都能有程序的兴举起来?亦非根据现实的社会现象,以求各种社会问题的合理解决不可。故社会现象的探讨,是社会建设的前提。

二

社会现象与自然现象不同,社会现象的探讨,不是一件容易的事。在纯粹的自然界,一切事象都无发展的历史,换言之:自然现象是静,永远保有固定的形态;既不受时间、空间的影响而变迁,亦不因大量、小量的区别而差异。如水的现象，由古到今，由中而外，由江海以至沟渠，在一定的条件下，其冰点永是摄氏零度，其沸点永是摄氏百度，其成分永是 H_2O。故吾人对于水的研究——一切自然现象亦多如此——只就一杯水，作一水的试验，即可决定其自然法则。至于社会现象则不然，社会现象是由于人类活动所造成，并非单纯的自然之力的表现。人类肉体的生理作用，虽则古今中外并无变动，但人类的社会行为，由于意志的不一致，不独随时随地而不同，即在同时、同地，亦因各个人所处的环境不同而互异。例如，人类的结婚年龄，不独随各时代、各地域的制度、习惯、俗尚而不同，即在同时、同地，亦因各个人的经济地位、家庭组织、教育程度等的不同有而差别。根据某一个人的结婚年龄，吾人决不能断定任何地域、任何时期之任何人的结婚年龄都是如此。故社会现象的探讨，决不似自然现象的单纯。

任何社会现象，常受错杂的原因所支配。这种原因的作用，如个别观察，似乎都是偶然的；但如根据大量观察，则实是恒同的。试以掷骰为例，骰子共有六面，每面各有一个不同的点数，如吾人抛掷一次，实无从预测掷出的点数，因之不得不归之偶然的结果；但如抛掷极多的次数，则根据大量观察之后，即能发现每面点数的掷出次数，在一定的条件下，应各约占抛掷总次数的六分之一，故实受一种恒同原因的作用。同理，如各户生产婴儿数，因生理的、心理的、经济的关系而不同，如观察一户，自不能不承认是由于偶然的结果；但如果观察极多的户数，则知各都市、各乡村、各种社会阶层的生产率，仍各有其恒同的原因存在。克特莱（Quetelet）曾谓：“所观察的事例愈多，则个别的特质愈见消灭，而共同的现象愈见显明。”塞斯密（Siissmich）亦以为：“由小数观之，一切社会现象似都无规则可循，要发现一种秩序性，非集大量的各个事例不可。”社会现象的探讨，就在发现其秩序性，换言之，在剔除其偶然性寻求其恒同性，然后可以由其常态分配，决定其社会法则。故研究社会现象，绝不能以个别的事例为根据，必须借助于大量观察，这就是统计方法的任务。沙多克（Chaddock）认为统计是研究社会现象的显微镜，确是至论。统计，是测定人类社会的技术；社会建设，自非根据统计不为功！

三

目前的社会建设事业，既应以推行地方自治开始实行法的各种基层工作为要务，故目前社会建设所需要的统计，自以足供推行上述各种基层工作的参考者为依归。总理于地方自治开始实行法内，规定地方自治的实行，应以清户口为入手，然后方能立机关、定地价、修道路、垦荒地、设学校，故户口统计又为推行地方自治开始实行法内各种基层工作的首要。诚以社会是由于人类所构成，若无户口统计，则吾人无从明了社会的组合，以为建设的绳准。以推行地方自治言：四权的行使，须根据成年男女数；粮食的储备，须根据人口总数；按口购种，须根据自耕自食者人数与人口总数。其他权利的赋予与义务的责成，又在在都须根据人民年龄的长幼，身体的健残，以及居住情形等。不仅此也：一，社会既是人类的结合，故户口统计实为一切统计的基干，若无户口统计，则一切其他统计，有时都不易发挥充分的功用。试以失业统计而言，如根据失业统计，吾人固可求得失业人数，但如缺乏整个户口统计以为比较，则失业问题的严重性如何？无从估量。二，户口统计，不独可以取得人口的组成与概况，诸如人口的地域分布、年龄分布、性别比例、婚姻状况、教育程度、职业组织、残障情形等，吾人更可以参照历史背景与自然环境，以分析研究各时期、各地域的人口的质与量，借以测度一个社会的进化程度，或进而解决各种社会问题，如失业问题、失婚问题等。

总理所谓清户口，实包括两种统计：一是户口普查，一是户籍登记。户口普查是划时地调查户口的组合，目的在取得户口静态的状况；户籍登记是常川地纪录[①]户口的异动，目的在观察户口动态的情形。根据户口普查的结果，吾人可以计算各地的户口总数

① 现多用“记录”。

及其组合，但无从观察其异动；依照户籍登记的记录，吾人可以随时考核各地户口的异动，但又无从决定其总数及其组合。二者功用各殊，势难偏废，必须相资相辅，然后可以相底于成，作为建设社会的有效参考。

除户口统计外，为求有关人民福利事业的兴举，为求人民生活行动的改良，下列各项统计，亦有及时办理的必要：

一、教化统计——总理认为地方自治的能否开始实行，应视人民的思想、智识以为断，人民思想、智识的测度，自非根据教化统计不可。这种统计可以包含：（一）意志测验与统计，（二）智力测验与统计，（三）礼制统计，（四）风俗统计，（五）宗教统计，（六）教育统计，（七）文化事业统计等。

二、卫生统计——我国人民素乏卫生常识，医药设备亦极欠缺；但是健康是一切福利的前提，为求推进社会保健事业，卫生统计自不可少。这种统计可包含：（一）死亡原因统计，（二）疾病分类统计，（三）防疫设施统计，（四）医师与医院统计，（五）其他医药统计等。

三、劳工统计——劳工人口占全体人口的最大部分，故总理于地方自治开始实行法内，极端重视劳工问题，誉为劳工神圣。这种问题的探讨，可根据下列各项劳工统计：（一）生活费用统计，（二）工资与工时统计，（三）就业与失业统计，（四）劳资纠纷统计，(五) 罢工停业统计，(六) 灾害与保险统计等。

四、救济统计——当此抗建期间，人民流离转徙，失所依据，加以敌机肆恶，难免伤害，所以救济统计，亦是安定后方，建设社会所不可少的参考资料。这种统计可包含：(一) 难民统计，(二) 战事损伤统计，(三) 保育统计，(四) 灾害救护统计，(五) 一般救济统计等。

五、社会病态统计——社会建设的终极目的，在解决各种社会问题，社会问题的发生，是由于社会病态而存在。如何寻求社会的病因，以便对症下药，自非根据社会病态统计不可。这种统计可包含：(一) 杀害统计，(二) 窃盗统计，(三) 犯罪统计，(四) 贫穷统计，(五) 娼妓统计，(六) 烟毒统计等。

以上所述，不过举例发凡，如何斟酌损益，规定内容，则非本文所欲论列。顾留待主持社会建设的人们，缜密筹维，适应环境，以厘定社会建设所需要的整个统计方案。

四

社会建设的事业，应由政府主持，故社会建设所需要的统计亦以由政府主办为宜。因为：(一) 社会建设所需要的统计，必须强制人民的申报，方能取得，在政府以外的私人团体，常缺乏这种强制力量；(二) 社会建设所需要的统计，范围极为广泛，必须有雄厚的财力，方能举办，在政府以外的私人团体，亦缺乏这种经济力量。

政府举办社会建设所需要的统计时，除技术问题外，应充分注意下列二点：

一、把握时效——社会现象的异同性并非绝对的，换言之，应用统计方法所测定的某一种人类活动，只能假定在某一个较短期间内是如此，并非如自然现象的永远不变。因之，吾人对于社会建设所需要的统计，必须陆续不断地举行或按期地办理，方能及时参考，不致以往昔的片面论断，误解目前的社会情形。

二、尽量利用——社会建设所需要的统计，原是作为建设社会的依据，故统计结果如果精确，则一切社会建设事业的推进，都应以这种统计数字为工具，庶乎一切建设方案的实行，毫无格格不入的弊病。如统计自统计，建设自建设，则统计虽精，何贵乎有？印刷虽美，更只是徒耗金钱而已！

苏联之社会事业

◎ 浦乃钧辑

一、劳动

（一）劳动的权利

苏联没有“零工”工人，《斯大林宪法》中更规定了，苏联公民皆有劳动的权利，即每个人有依照其工作的质与量而获得适当工作与相当报酬的权利。

（二）工资

工人的工资一年年地迅速增加，增加的数量有如下表1：

表1　每年平均工资表(以卢布为单位)

生产部门	一九二四年至二五年度	一九三六年
国民经济之各部门	四五〇	二七七六
各大工业部门	五六六	二八六二

全部国民经济中工人与职员之工资基金，一九二四年至二五年度为三十八万万卢布，一九三六年为七百一十六万万卢布。

工人之技术愈熟练，则工资愈高。

机械制造业工人之工资，在一九一三年一月平均每人为八十四卢布，而一九三六年十二月则增至二百九十九卢布，矿工由八十九卢布增至二百五十二卢布，煤炭工人由一百零二卢布增至三百二十八卢布，纺织工人由七十卢布增至二百二十八卢布。青年工人的工资，在五年中增高至三点三倍，一九三五年中之斯达汉诺夫运动者，工资增加了四倍。

影响工人生活程度最大的，即工人的家属之参加生产。肃清失业运动，在两个五年计划中吸收了一千五百万新工人参加生产，而工人的家属加入生产的很多。工人家属有了独立的收入，同时也就是工人家庭总收入的增长。

苏联工人之生活程度不仅在个别地获得工资而已，苏联政府每年所花费于文化生活的公共开支，也一年年地加多了。

自一九二八年至一九三六年，苏联政府专为职工文化的公共的国库开支有如下表2：

表2　国库开支表(以百万卢布为单位)

用途	一九二八年	一九三二年	一九三五年	一九三六年
社会保险养老金及补助金	六二八	一三六二	二七〇〇	三六四七

续 表

用途	一九二八年	一九三二年	一九三五年	一九三六年
职工会补助金	三七	三四	八〇	七八
救济津贴	六四	五九四	一三四一	一五二五
教育与文化工作	三八一	二八一四	四一三五	五〇〇〇
保健费用	四八九	一四五七	四二四六	五一四七
劳动者改善生活的基金	四〇	六〇	一一二	一〇〇
合计	一六三〇	六三二三	一二六一六	一五四九八

除了增加工资，增加文化公共开支而外，政府还要系统地降低物价。面包、糖、牛油等必需物，在一九三五年中曾减低了五十万万卢布的价格，一九三六年中减低五十万万卢布以上的价格。这一切设施，即等于大量地增加实际工资。一九三七年中收成丰满，物价更为降低。工人的需求大大地改变了，工人及其家属们对于富有营养的和贵重的物品之需求也迅速地加大了。（采自《中苏文化》一卷十二期）

（三）工作时间

在十月革命，苏维埃政府就颁布了成年工人八小时工作制，和青年工人六小时工作制。第一步就实现布尔塞维克[①]的纲领去缩短工作日，到十月革命苏维埃国家十年中又做到以下的一个方向，就是一九二七年政府颁布一道命令不减少工资，由八小时工作制

① 现译作“布尔什维克”。

向七小时渐次地递减。

苏联的青年工人从十六到十八岁在同意工作之下规定六小时工作。六小时工作制是为着地下工作的工人,也有为着相拼的工作和单独的工作工人。在有些化学工业里作工还存在着更短时间的工作日——四或三小时。

关于普遍施行和更加缩短工作时间有以下的事实,按矿山工业缩短工作时间普及有三十一个生产部门,金属工业有二十七个部门,化学工业有五十一生产部门,以及其他等等。就工人说,在染色工业缩短工作时间有百分之三十三点三,纺织工业有百分之三十四点六,金属工业有百分之三十三,铁矿工业有百分之二十点三,加工有色金属有百分之三十点八。

（四）工作周与工作年

工作周在苏联是六日或五日的工作中休息一天,此外,重要部分的工人大约五分之一为五日工作制,即是作四日工休息一天。这就是表示着工人在六日周工作有六十个星期日的休息,在五日周工作有七十二星期日的休息。纪念革命节,在苏联全体劳动群众是快乐的一天,完全不作工。

苏联的劳动者规定每年给薪告假休养,每个男女工人在所服务机关一年之中,准许告假继续到不少于十二个工作日之久。青年工人规定一月休假期。在一切地下工作和相拼生产工作的工人准许补足半月休假期。科学劳动者和教师规定有两月给薪休假期。

妇女工人和职员在妊娠期和分娩后有满四个月的休假期，再有社会保险机关核算其工资——物质、喂奶，此外可利用工作日中的半小时之久去调养小孩子。像这样要休息的女工同样的付给她们工资。

(五) 休养法

苏联宪法中的一百一十九条上说："苏联公民有休养权。"

"休养法是保证缩短工作日，使多数工人能达到七小时工作，制定每年休假工人和职员能照常给薪，建立工人广泛的疗养网和休养所、俱乐部。"

这是苏联休养权利的基本法规之精神。

苏联消费亿万卢布建立休养所、疗养院和疗养区，设置俱乐部、文化公园和休息所，又用操练、旅行登山等许多形式去实现这种休养法。

(六) 休养的方式

千百万人包含之各样休养所组织的方式。在一九三二年到一九三七年的一个五年计划中，单是社会保险一方面所顾及的，到休养所的约有八百万人，到疗养院的有一百二十万人，属于外出的约有七百万人，在工人俱乐部、文化馆、文化公园及其他文化建设之中，享受休息权利的有千百万人。

在几年前苏联国家计划委员会曾召集过全苏专员代表会讨论关于工人休养的问题，这代表会决定组织工人休养的任务。有以下的几点：

1. 包含各方面工人的休养：在生产的，在实习的，在换工作之后的，在休工日的，以及指定休假的。

2. 充分供给文化食粮于各地的劳动者科学和技术，特别是马克思列宁主义的教育，所有技术的、军事预备的以及积极于政治的劳动事业。

3. 保证劳动者能够光顾各种体操——健康娱乐、消散工作，提高文化水准，集体向前创作苏维埃的艺术（戏剧、音乐、电影等），特别要发达群众自己的创作。

用庞大的范围，去处置休养机关，使劳动者尽可能适合个性的要求和每个劳动者风味，而且要适合年龄、家庭情况以及年节等。独室休养和疗养院，中有青年的、老年工人的、家庭的，愿意在休假随家眷一起的，特别是为妊妇奶母的休养所。还有许多企业夜间预防，使工人得到更好的健康，从工作中能自由动作，得到必需的营养物，和含包在专门医生监督之下治疗。

为青年工人组织更积极方式的休养：旅行的行军路、登高山、跳水台、滑雪堆等。劳动者可以在□□□□□、□□、□□□□

□□□□等等。□□可以帮助自己的工会组织，去展开各种休养的文化工作。

（七）休养所、疗养院、治疗区

在一九一九年苏联政府颁布各种国家所有的治疗地带和疗养区域。不久之后出版《关于利用克里姆(Krima)为劳动者治疗区》的指南。“因为克里姆红军从统治者佛拉格过(Vranseli)和自卫军手中解放出来，公开利用克里姆海岸作治疗工具去恢复工人的劳动方法。农民和一切劳动者在苏联……以前是用作大地主资本家的别墅和住宅，以前是沙皇公爵的宫殿，将要利用之为工人农民的疗养院和健康区了。”

当一九二一年五月间列宁署名公布一道专门命令关于扩大为工人和职员休养所的组织。

在这命令上说：“组织休养所的目的是让工人和职员在他们的每年顺次休假得到最适宜的和优良的条件之下去恢复自己的力量和精力。……”

“为着组织休养第一步是利用城郊的别墅，以前大地主的村舍、寺庙等。”

同时开始建筑新的专门而设备好的疗养院和休养所，每年按照预算分别建筑新的休养所和疗养院，为着实现这个目的在第一次五年计划时就消费了二万二千六百万卢布，在第二次五年计划时支出建筑工人健康所得资本超过五亿以上的卢布(五万三千二百点七百万卢布)。广大的建筑休养所和疗养院同样依照经济组织和人民保护健康的机构进行。

很开心于好好地去实行休养法,就把工作中心转移到职工会去,并将休养所和疗养院由克里姆到卡夫卡斯(Kavkas),由苏联中央区到辽远边境四处网布着,并且苏联职工会有无数的亿万社会保险金的预算作保障。

职工会纲在休养所和疗养院也是经过他们的调查得出以下的结果:

年度	休养所数	疗养院数
一九三三	三〇五	九四
一九三七	六二一	二一六

这四年之中,即是工会事业转向到社会保险的时机,休养所和疗养院网是增加四倍了。现在的建设是快要达到七所崭新而广大的工会疗养院,地点是在苏联极美丽的区域(梭权 SocHi、哈罗托薄 PxALupBO、梭斯洛夫卡 SoSNOBkA 等①),四十四所新休养所、泥浴场、竞技场、操育场等。

工会工作的模范是按照休养所和病疗所得出以下的调查:在

① 此类外文单词直接复制自原文。

流动性的一九三八年需要超过二百二十八万到休养所的通行证，一百六十三万到休养所的通行证，三十三万八千到疗养所的通行证，和十万零一千休养所的通行证。一九三八年苏联职工会消费在休养所、疗养院、疗养区的将要超过亿万卢布。

（八）疗养院和疗养所

现在是很注意选择地方准备作休养的后补，分配发给那些属于工厂制造和工会委员会的通行证，斯塔哈洛夫运动者和突击队员以及工人干部免除依次的特权分配到休养所和疗养院的通行证。

工会是大大帮助疗养院、疗养区委员会治疗。那里有医学的选择补充必需疗养的病院。全部工厂制造厂有外来患者病院、临床讲义的病院、专门施疗所去注意劳动者的健康状态，共同设立关于需要派送此处或其他处工人到疗养院或是疗养区的机会。

假使劳动者有真病须久长治疗的，那就须另外经过告假，社会保险出补充休假费用。在苏联劳动者不仅是可以得到免费到国家疗养院和疗养区的治疗，而且他们完全可以在治疗时间内向企业取到工资，或是向社会保险取得费用。

劳动者到休养所和疗养院所费的价值是很少要依赖自己的工资，就是车费也可以全部或部分支付于社会保险。工会里的工厂委员会帮助往休养所和疗养院去，并很快让他们得到火车，顺利地依自己的假期次序的补充假期去休养。这可以救济极忙禄的劳动者与预防一切可能迟到休养所与疗养院的劳动者。

（九）旅行和登山

在普通工人之中，特别在青年工作之中利用积极方式的工人休息——体操、参观、旅行以及特权爬山或是登山。

施行以上那些休养的条件在苏联是应有尽有的。苏维埃国家占地球上六分之一，富足的动植物，美妙的山岭，无边际的旷野，像那无比的河流，阿尔加（Volea）、得聂罗（Dnenr）、乌拉（Ural）、西伯利亚河——这一些就是包括苏联有兴趣的旅行事业。旅行参观在苏联不仅是为着健康，而且有大的文化教育的意义。

在苏联有些调查给我们表示出猛烈的增加与发达的体育，旅行与特有的登山运动，自一九二九年到一九一四年[①]这二十五年之间到欧洲的高峰耶露朴罗斯（Albrus）去以前，仅有五十九人升登，这个升登的数目，国外人占了多半（百分之八十），到一九三五年往耶露朴罗斯去的就有二千零十六人升登。

在苏联体育员的数目是一年一年地发展。当一九三〇年的时候苏联只有一百多万成年体育员。现在运动员的数目大约要多到十倍。体育场、竞技场、运动场、水站雪站的数目也是一年一年地

① 此处原文有误，“一九一四年”或改为“一九五四”年。

增加。工人的国家机构，与职工会分派到文化公园、休养所、体育会、旅行登山的数目也是逐年发展起来。

苏联广大的设施工作是依教育原则适合于无数的劳动者所爱好去作有条理的文化休养：丰富的书籍、优良的音乐、快乐的舞蹈，以及戏院、电影等。

二、儿童

（一）对一般儿童

苏联在一九三七年，有五百万从两个月到三岁儿童在各儿童保育所里，有一百万从三岁到七岁半的儿童时常到二万三千五百个儿童公园去。

如果我们把五百个儿童的床一个挨着一个地摆起来，差不多要占七千五百公里的距离，这个距离近于苏联飞行家柴克乐夫(Tchkalof)和哥柔莫斯(Gromov)从莫斯科经北极飞到北美洲所行的距离。

那些儿童公园，是用来扩充儿童利益使他们接受新观念，使他们习惯于讲卫生、守纪律和爱合作。在这些儿童公园里的教育是坚决他们的气质，使他们惯于守秩序，并锻炼他们的意志。

这是用不到说的，在革命以前的俄国农村里没有儿童公园，可是在革命以后直到生产集体化以前也一样是没有。今日，在农村里约有八千儿童公园看护着二百七十五万儿童。

在夏季的月分[①]里，除了经常的儿童公园以外又添上露天游戏场。一九三六年夏季，有八万六千二百多处这样的游戏场，有着三百万儿童在里面玩。

社会保险机关在一九三五年曾经花用三万二千八百万卢布来补助劳工的孩子们。然而这不过只是国家和工会为儿童设备所支付的全部款项的一部分。

苏联政府之照顾儿童，并不限于在学校之内，还在儿童们课余的闲暇，专为他们设置了最美的宫殿，最华丽的陈设，尤其是在莫斯科、列宁格勒[②]、基辅（Kiev）、卡利夫（Kharkov）、斯维罗夫斯克（Sverdlousk）以及其他的城市里。例如在列宁格勒沙皇时代的安尼支金宫（Antit wkine）为意大利著名的建筑家拉斯托里（Rasstroli）、克瓦伦基（Kyarengi）和罗西（Rossi）所建筑的——现在变成了儿童先驱宫。在那里面有体育馆、太阳浴室和空气浴室，一个游泳池和几个网球场。那里还有地理研究室、农业研究室、文化历史研究室，一个音乐教室，小画家和小雕刻家的工作室，跳舞厅和歌咏厅，小诗人厅，一个下象棋和达母棋（Damea）的大厅等。

苏联设立了一百二十个儿童艺术训练所。莫斯科和列宁格勒

① 现一般写作“月份”。
② 现称作圣彼得堡或彼得格勒。

的音乐院设有十个学年的课程是专为最有天资的少年音乐家而设的,在里面研究的约有五百个学生。

在全国,人民都知道那个八岁的小钢琴家瓦丽亚·尼吉弗罗瓦(Valia Nikiforoua),九岁的制曲家欧来拉·卡拉巴衣楚(Oleg Karabailehour),还有那个小女指挥马加莱特·卡衣妃(Margarothe khaifeg)。

在农村里也是一样的,音乐的研究很有进步。例如,迪埃玻味头夫斯克(Dniemopetrousk)区的草勒查欧夫斯克(Moltehanmousk)镇的集体农场的农民们,为他们本镇的儿童宿舍买了一万五千卢布的音乐玩具。

(二)对流浪儿童

在很多年的对外战争以后,在惨毒的内战以后,在那著名的饥荒以后,在苏联产生了数目极大的,没有家庭没有住处的孩子,这些孩子们联合成帮,时而徒步穿过森林或荒原,时而挂在火车旁边从这个城到那个城,冬天的严寒把他们赶向克里米亚或高加索去,夏天又引他们走向北方。

例如,一九一四和一九一五年的八月在列宁格勒约有十五万孩子为各种组织所救济。

一九一六年在西战场上,孩子们面对的危害是很大的,只在明斯克一地,在一九一五年十月,人们就救助了一千一百多孩子。一九二二年在大饥荒以后，有人估计到现在苏联二十四个区域中，有四万四千三百多流浪的孩子。

在这些孩子里面，人们发现许多是充满了勇气和创造精神的，他们领导并且组织其他的人，为了生活，他们才抢劫，甚而至于杀害。然而在这些罪过以外，他们尊重一条法律，忠于伙伴的法律，那就是在他们之间禁止告发或背叛。这些流浪生物底复杂而又奇异的心理，在他们结成群时，便变成了秘密会社和匪帮的信心。

革命对于流浪儿童的问题如同对于其他问题一样，直接或间接地奋斗着：直接的是收容这些儿童们，并用工作来改变他们；间接的是改善社会和经济的环境，并尽心从事于大众的教育。

在儿童之中的工作正很严格地进行着，一九一四年已经有四千九百八十七所正常儿童的宿舍，二百五十所不正常儿童的宿舍，二百所落后儿童的宿舍和三百二十五个中心收容所。到今日，儿童宿舍的数目增加到那样多，以致每年有三万五千多儿童从特殊教育的场所出来，走到工场或学校中去。

间接的，人民在各部门中为儿童工作，在法律上保护儿童。因为有了组织——儿童公育所、儿童公园等，孩子对于个人已经不成担负。如果他在家庭中不能很幸福，在学校和工场之间他还有整个的社会生活，这就使他无论如何可以过着正常的生活。如果他有了病，他就在疗养院中被看护着。他们不会再被地主或店主所榨取。我们可以说全社会在看护着他。所有天资好的儿童，可以读他们的书。职工学校的数目很多，集体农场的学校也每天在发展着。家庭紧急地追随着儿童公育所和学校的努力，在这种工作互助的密网中，儿童如何会被抛弃呢？

在莫斯科、哈尔科夫、罗斯多夫、马克萨支卡拉、那娜克斯克、巴库等都市的街道馆旁边，这一群孩子惹起了我的注意，因为在这些城市中很少见着游荡的闲人。至于在我所到过的其他国家里，却是成群的孩子讨饭，或者作着小买卖，这些小买卖只不过是一种变相的乞儿而已。这类游荡的孩子，我在突尼斯、中国、墨西哥、罗马尼亚和其他地方所见的，在苏联见不到。

有一天在哈尔科夫我见到两个男孩子坐在一个面包房旁边的地上，在顿河北岸，罗斯脱夫，一个女孩子向我说她是被遗弃的，要躲在我的车座下面去旅行，在巴库我看见一小群闲玩的孩子；然而这只是几个人或人数极少的小的，和我在世界其他地方所遇到的比较起来真是算不上数了。以前我们在俄国所见到挂在车旁边或溜在车座下面的孩子，那只是过去的一点遗留，而不是苏联的产物。

现在不是在路上我遇到那些流浪儿，而是在为他们所组织的许多宿舍里遇到他们。首先我见到许多宿舍，以后我将称之为收容所，在这里面收容那些孤儿和流浪的儿童，在莫斯科有三个这类的收容所是为男孩子设的，一个是为女孩子设的。

一个儿童收容所

在莫斯科的一个郊外，完全郊野的路旁，有一所白色的房子。当我进到里面的时候，从六岁到十五岁的女孩子们正走进食堂去。负责教育这些孩子们的三个女人，一个是教师，一个是负行政责任的所长，一个是看护，她们向我解释这些孩子们是先由医生检查过，然后应两星期的时间，教给她们以卫生的初步原则并观察她们，以便在三个月以后，引导她们加入各种形式的宿舍去。这些孩子中有些是法院从她们父母手里拉出来的，有些孩子是在她们父母死后，由宿舍委员会或“儿童之友社”的会员们或其他组织领到收容所来的，最后还有少数孩子是单独离开她们的家乡，自己跑到莫斯科来的。有一个女孩子回答那问她到莫斯科来作什么的人说：“我想要看看这个总是被人画在盒子上面或牙膏筒上面的城市。”虽然也不由自主地想到了柴霍甫[①]的喜剧《三姊妹》和那只是梦想着到莫斯科去而游手好闲的三姊妹，而现代的儿童们是不能以空虚的梦为称心的；他们是现实主义者，并且其中的几个就向几个引诱人的都城走去。可是实现他们的梦，是很不容易的，警察们把这些想要在首都中过活的孩子们引到收容所来。在收容所里，

① 今多译为“契诃夫”。

人们领导他们走向那些可以使他们变为手艺工人或知识工人的机关中去。

那个教师对我说，也有不正常的孩子们。从她的周围一看，只看到四五个女孩子有着很显明的缺陷。这几个落后者的存在，使收容所的空气变得暗淡些，虽然这里面原充满着一种近乎愉快的活跃气氛。

离开了这个考察儿童的机关，我去到流浪儿童组织的总事务所，回答我的问题的是一个女人。她对我说，在莫斯科区内差不多有三万孩子托国家保育，为了这三万孩子，其中有的是孤儿，有的是流浪儿！要支用一千四百万卢布。从收容所出来以后，儿童到一个专门的宿舍中去。有些宿舍是为了还不到学龄的儿童而设的，这实在就是一种寄宿的幼稚园，对于学龄儿童设有其他的宿舍，就好似一般家庭似的，白天到学校中去。对于不正常的孩子们或有结核病的孩子，还另有特别的宿舍。最后还有儿童公社，在这些公社里，有时有些孩子只是在工作的时间来而在家里食宿。

为这些"国家的孩子"，曾在各劳工学院或工业专门学校里保留百分之三十学生的位子，不能学专门知识的就进入工厂，可是经常在注意他们，帮助他们，一直到他们显出已经是很坚定地走向正常生活的时候。

我问这些孩子们是从什么地方来的，他们回答说，在莫斯科新近收容的一千孩子里面，有一百二十七个来自著名的流浪群，六百八十个是从他们的村中走来，一百九十三个是失掉父母或父母无力照应他们而在恶劣的环境中生活的。

这些孩子普通在手脚和智慧两方面都是有天资的。在九百个被慎重观察过的儿童中，四个有特别的天资，六百二十二个天资中常，一百一十三个在中资以下，其余的天资较差。

儿童公社

在莫斯科，一条很安静的街里，一所清洁可爱的旧房子。这个公社的组织者不在这里，可是招待我们的小孩子是同伴中推选出来的秘书，却以公社的名义欢迎我。食堂、卧室、礼堂、图书馆，他是以如何的自豪指示给我这一切啊，壁报、标语，完全表示着一个中心，在那里面的"活动者"，先锋队员，总共应该是很多的吧。可是这所房子里没有工场，工场是在稍微遥远的一个老修道院里。那个少年陪着我们，在工场里，我见到了这个公社的灵魂，"爹爹"，那些孩子按着俄国的方式这样称呼他。在到工场去的楼梯里来往着的是神情爽快的孩子，随后在一个极小的办公室里我见到了"爹爹"，他穿着俄国旧式的黑色工衣，"爹爹"的容貌如果不是有着一种健康的光辉或者就会成了苦修者的样子了。"爹爹"先让我们看看在工作中的他的小伙伴们，随着他我们浏览了各木工场，那里堆着桌子和衣橱，"爹爹"一面走着，一面给他们一种友谊的指导，那些孩子们很单纯地向他说话——既不太随便也不太拘束。当我们从新回到办公室里，我立刻听到我方才浏览过的房子的故事。“爹爹”对我们说，在两年前，这里只有三间房子，作工场，儿童宿舍有了，于是我有一个梦想，我想把这所宿舍变成一个公社，有人曾要阻碍我这种勇气，有人有意地说这些孩子里有人要杀死我；可是我坦然地以自治的财力，自治之管理，对于一切的事负责，组织了这个公社，而这一切就是我们新生活的基础。这里的孩子们有一大部分曾经被法庭处罚过，在判决以后，法庭把他们托付给我，每一个新人都是好几个小组照应的目标，使他们习惯于公社的生活。他们在工场里工作四点钟，在教室里工作三点钟，晚间有劳工学院的课程。我们只能从政府收到为那个年岁最小的人的少数补助金，我们是依靠自己的工作而生活，去年度我们卖了三万八千卢布的木器，今年卖了二十万卢布。

当“爹爹”同我说话的时候，有人开过许多次大门。“爹爹”朝我说，你方才看见的那个人曾经杀过一个人，现在他是公社里最热心的工人中的一个；那个陪你参观的，以前是一个法西斯式的家伙，现在成了最热诚的人；你曾经注意的那个棕色头发的孩子曾经犯过三次罪，他曾经使全区的人恐惧；那一个从这里出去的，曾经是一个伪币制造者，拿一张十卢布的钞票伪造十张；其中的一个曾经在未到公社以前，被捕过六次逃走了六次。在这里所有的孩子都避开了法警的追捕，并且在出了公社的时候，一旦改悔了，他们再没有任何刑法上的义务。你相信不？“爹爹”又说，两年以来在这里没有一个逃走的。我们的孩子们在工作和课堂以外是很活跃的，在莫斯科工人俱乐部中，他们有一个很知名的剧团，在他们之中有歌者和走绳者，从他们的旧生活里，他们只保留着紧密的互助。告密者在这里是极为人鄙视的，在公社里没有侦探，而只有自我批评和公开辩论。每天有全体大会，并且每个人可以说话，但是不能超过两分钟，如果有人被他的同伴所控告，他就自己辩护自己。公社的援助是这样深切，以致离开我们的人都同我们保持这紧密的关系。“爹爹”给我看许多社员写来的信，在这些信里，我看出来每人是如何以同公社生了亲谊关系而自豪呵！我还想多看几封信，可是开门的愈来愈勤，于是我以为是到了吃饭的时间，或是那些孩子有事找“爹爹”。当我们分手的时候，“爹爹”还对我述说新近由社员们召集了一个讨论会，在这个会里，孩子们曾经解释他们从前的生活环境，而向现在人家对他们的苛责提出执议。当“爹爹”向我们告别的时候，进来一个两腿切断的孩子，在内战时候他的母亲到外国去了，剩了他独自一人，他曾经旅行过了土耳其、巨哥斯拉夫、立陶宛等地，几次被捕，逃走。一次他从火车上掉了下来，人们只得锯掉他的腿，随后他从医院里被领到库布斯开亚儿童宿舍去。后来领他到公社来，现在还在这里。

在离开这个谦和的工人以前——他实现了这个值得赞叹的事业，聚集这群流浪儿，用工作改变他们——我还想知道一点关于这群少年社员们所作的社外活动。“爹爹”又对我述说一星期来，这群少年朋友们如何走遍莫斯科去寻找流群的浪子，如何热烈地竞争着引领这些反常的人到我方才参观过的组织里面来。

哈尔科夫附近翟金斯基的公社

在乌克兰，离哈尔科夫不远，我参观了另一个完全在乡间的儿童公社，是盖贝乌和乌克兰的工业组合所经营的，现在已经有三年了。这个公社是一百三十个男孩子和三十个女孩子组织成的。在一间宽大明朗的办公室里接待我的主任，以前是在马克吉姆·高尔基儿童宿舍中的。他带着六十个孩子到这里来创立了一个新公社，已经三年了。

在主任办公室旁边另有一个办公室，这是儿童代表的办公室。这里是依工作分组的，每一组有一个推选出来任期三月的负责组长，那组长每十天集会一次，成一个小委员会，每天开一次全体会，在这会里每个人可以说话，可以质问。

所有这些孩子都已经受过三四年的教育，一从这里出来，他们就成了专门技工或大学生。主任对我的解释，被一个号声所打断，这是吃饭的时候了，并请我也同去用午饭。我偶然地坐在儿童之中，勉强吃完了对我是过于丰富的饭食，一碗很多的俄国汤，随后是米和肉作的一种布着。孩子们一面说一面吃，那各组的组长伺候他们，吃完了饭每一个人到他所愿去的地方去，在院子里或是在图书馆里。一直到一点半钟，我又回到主任的办公室里。我知道了关于这些儿童们生活的一些详情：每一个人有一宗薪金，他把十分之八交给公社，其余自己存着，但是如果他的花费显然是有害于他人的，大会就会向他劝诫。这个公社完全是工业的，可是在这一区里也有农业性的公社。一切决定是由公社取决，有一个劳工学院的学生，曾经请求到这里来，可是那些社员不满意他的行为。在我参观的前几个月有一个少年被其他的人控告，说他同一个少女过于亲密，他承认他爱那个少女，于是人们就要他们结婚，大家分担起他们组织家庭的费用，而公社后来还愿意当婴儿的保母。

公社里面的空气是非常庄重的，成为公社里孩子们的特征：对于工作之认真，和对道德的尊重。我曾想到其他国家里面所听到的关于荒唐以及怀孕的小女孩的奇怪故事。几点钟以后，我离开公社，穿过树林，又到哈尔科夫的大路。当天夜晚在六剧院里，在前排座位上，我认出好几个少年社员。在休息时间那个主任走近。他向我说：今天晚上所有年岁大的都在这里，至于年岁小的都到马戏场去了。

波伊纳克斯克达吉斯坦的儿童宿舍

我不能把我在苏联见到的所有的儿童宿舍都说到，可是我要说一说一天晚上在距莫斯科二千八百公里的波伊纳克斯克小城里所瞥见的一个儿童宿舍，这个小城在达吉斯坦的深山里，离卡斯卡片诺不远。

从照耀的一片电灯光中，我见着了沉没在黑暗里的波伊纳克斯克，可是无论如何我想参观一下那些儿童宿舍。在灯光或烛光中我先看见了一所最年幼的儿童的宿舍，随后看见一所从十四岁到十八岁的男女儿童的宿舍。

那些最小的孩子们想要去睡觉去，可是那位心细而微笑着的女教员想要他们给我唱唱歌，他们毫不畏惧地走近我，准我抱起他们来，随后跑回女教员的身旁开始唱歌。卧室是极端的清洁，床也收拾得非常好，那些孩子们的容貌都是快乐而幸福的。

在第二个宿舍里，女管理员已经让孩子们睡下，她欢迎我参观这一所有家庭意味的宿舍，在微弱的灯光中，我看见那些孩子们都是很清洁、健壮和整齐，在他们盖着蓝色鹅毛被的小床上睡着。

可是给我印象最深的，是那些年龄最大的孩子们的宿舍。那些孩子们不要任何的看顾，好好地自己睡着，女孩在她们的房子里说笑着，可是一点也不乱。至于男子们我见他们全都很安然地躺在床上，裹在被子里面，手都放在被子外面的头上。我永远不会忘记这个宿舍里面的空气，和绝无人看顾着的绝对的秩序。

在莫斯科、在哈尔科夫、在波伊纳克斯克我见到了成千的儿童,在以前是游荡的或罪恶的,现在全显着一种深刻而远大的幸运的喜悦。在他们的脸上看出一种新的生活的光辉,那是从工作和自由中得来的。(以上采自《中苏文化》)

三、社会保险

苏联的社会保险是一件规模宏大的事业,它影响二千万以上的工资劳动者的生活。社会保险的管理,完全握在苏联职工会的手里。在每一个工厂里,在每一个工场里,有一个职工会的会员要担负“保险代表”所应做的“社会的工作”,要负责访问生病工人,要注意他们确收到他们的保险费,而且遇着任何地方需要帮助的时候,要收到从管理处及社会保险费中给与他们的额外的帮助。遇有需要的时候,这位同志也要替他们取得休养院和疗养院的派司。

这样的一个保险代表,一方面要负责帮助生病的工人,一方面也要代表职工会防止诈病的流弊。倘若一个工人因在路上受伤而离职,经保险代表的调查,发现他是因为酗酒而在路上受伤,那末这件事就受不到大的同情,而且遇有这样的事,有一部分的保险费也许要被保留。这样一个工人,当然还可以控诉于职工会的大会,但是在这样情况下的要求,大概也受不到多大的同情。

苏维埃政府关于社会保险的第一个命令是在一九一七年颁布。关于社会保险的经费全由雇主捐助,不对工人有所抽取。国家既是雇主，国家便费捐助必要的经费。因病或因非自愿的失业所应得的津贴，依当时规定，约等于平均的工资。这个命令并规定“一切保险的机构全由工人自己管理”。

在一九三三年前，社会保险的管理是握在劳工人民委员部（即劳工部）的手里，这是最能管理此时的政府中的一部。后来到了一九三三年，此事的管理完全交给职工会，连同视察工厂的工作以及保护劳工律的执行，也都交给职工会处理。席初林爵士批评职工会权力的这样增加，曾经这样说过：“苏联的职工会不能和世界上任何其他的职工会比较，依我所能看到，苏联职工会所有的职权，在别的国家里，是由国家自身来执行的。苏联职工会在事实上是国家的机关，我看不出它们真正有任何独立的存在”。（采自《苏联的民主》一书）

四、合作事业

合作事业在帝俄时代就被鼓励，因为当时的警察当局认为在劳动阶级的活动里，算是一件稳妥的事情。但是因为合作是一个极端重要的工具，可以用来为着劳动阶级消费者的利益，对私营的商人们作斗争，所以苏联力极鼓励消费合作社的发展。这些合作社在当时并不分股息，只是所供给的货品，其价格比私营的商人所取的价格低。当私营的商人在市场上排出一种新的产品，合作社便以同样的产品卖得更便宜，结果是社会得到益处。在一九三四年的时候，苏联消费合作社的社员约达七千三百万人。

苏联各合作社的社员选出他们的管理委员会，再由各委员会举行大会，组织一个消费合作社联合会，调查在苏联的各合作社的贸易。

便是合作社的贸易有某些缺点，其中最重要的一个缺点，尤其是在城镇的居民方面是要在特别的店铺里购买，这种店铺常离家颇远。在一个乡村里，那里距离无论如何是不会很远的，这种不便可以减少到最低的限度。

自从第一次五年计划在一九二八年开始不久以后，在各工厂以及其他工作的场所，合作社的店铺大规模地开设起来。同时，在一九二六年到一九二九年的期间，因国家对于私营的商人缴收重税，私人贸易几于全行消灭。合作社几于完全独占了贸易。

一九三一年时，苏联已不再有私营的商人，人民可以在合作社里出低价购买有限制的货物，或用高的价格在合作社或其他店铺里买无限制的货物。准许购买的有限分派的货物分量，以及物价的一般的水平，都已由国家确定。在一九三二年，原来附设于工厂的合作社，移交工厂管理处主持，并不算一件可以骇异的事。

现在苏联消费合作社事业仍继续存在于乡村里，那里约有四万个合作商店。在将来，究竟是合作商店还是国营商店将成为乡村贸易的最后中心：这个问题的如何决定，不是原则的问题，而是便利的问题。假使由于消费货物的生产更为发达，国内贸易人民委员部在乡村里开设商店；又假使由于这种商店的集中管理和广大的经济资源，它能够比合作社服务得更好，那末国营贸易将代替合作贸易。在另一方面，假使合作贸易的效率超过国营贸易的效率，那末合作社将继续占着优越的地位。

关于苏联的合作事业，还有另外一个例子，在苏联的城镇里占着颇为重要的位置，就是住宅合作社。苏维埃政府在一九一七年最先发出的命令里，有一个是把当时已有的一切房屋都移交给各地的苏维埃，根据居民的需要分配。政府也授权各地苏维埃建造新屋。但是在那个时候，全国苏维埃和各地苏维埃当局，对于经济的应付都感到困难，因为对经济有巨大的要求。于是苏维埃政府也鼓励人民组织住宅合作社，这是由个人起来组织的团体，他们愿意得到较好的房屋，拿出他们收入的一部分，加股于合作社，建筑住宅。这样的合作社是由社员经营的，他们选举他们的经理部，给他们自己的职员以薪水。现在，在苏联城市里，有大部分的住宅是属于这种合作社的。

由此可知在住宅这件事上，合作制度也推行得很广，在这种制度下，各座房屋的居户管理他们自己的房屋事务。有些地方，房屋是为本地的苏维埃所有的，如城镇住宅的大部分；还有些地方，房屋是为工厂所有的，可是他们的管理制度大概都和合作社的相类。但是在这些情况之下，房屋的经理却不是由居户所选举的委员会所委任，是由本地的住宅托辣斯所委任的，同时受苏维埃当局的节制；或由工厂的管理处所委任，同时须得职工会的合作。但同时，住在国家所有的房屋里的居民，却也选举一个房屋委员会，房屋的经理工作时须与这个委员会合作，把所收集的资金用于房屋的修理和刷新，须为着居民的一般利益而用。

被选举的房屋委员会，是苏维埃制度中对于私营房东的代替；苏联房屋的实际的所有者，不是国家，便是居民的合作社。所以究极说起来，好像消费合作事业一样，住宅管理的制度将住宅一方面发展，还需要看哪一方面的结果更为便利。假使依事业上的表现，由合作社的委员会管理不及国营的住宅托辣斯所管理的效率，那末后者将代替前者，假使不然的话，那末合作社的房屋将比国营的房屋更为发展，这是将来才能决定的事。

今日在苏联的城镇里，消费合作社和生产合作社的重要性已较前减少，可是在乡村里，为着消费和生产，合作社却大规模地存在着。集体农场是在苏联乡间生产组织的主要形式；只要合作生产在事实上表现确比国营生产更有效率，合作社在乡间仍要继续

大规模地存在着。（采自《苏联的民主》）

五、犯罪

苏联为减少犯罪者，对于监狱之设施，极为重视，认为监狱之目的，不在于罚，而在感化，一人犯罪，全部社会，皆宜负责。故主张社会纠正，而不赞成惩罚。依此种精神工作，将肃严的监狱，而变成和睦的园地。使犯人咸被感化，而改悔恶习，以恢复社会常态的生活。

在俄国，监狱有旧式、新式二种，犯人每日须工作七八小时，并可获得相当之工资。

旧式狱中有游戏、教育、体育、无线电、讲演室、图书室等设备。犯人暇时，可阅读监狱刊行之报章，亦可作文章、发表意见，投寄该报。复可组织戏剧团，表演一幕，以助余兴。犯人彼此，及与监狱的狱吏间谈话，更无限制。吸烟亦不禁止，但工作时间，不在此限，参观监狱与探询罪犯，颇为自由。检察官按时巡视监狱，颇注意调查犯人之意见。犯人亦常受医生之检验，如发见疾病，立即令医院疗治。到期满出狱时，犯人丝毫不带犯罪之节气，并且由监狱发给证书，证明其技能及品格。

出狱的犯人，既入各工厂作工，官吏可不必再行监督矣。然常与其接近，调查其工作情形，并时时勉励与鼓舞其上进心趣。

新式监狱中最现代化者为“犯人工作村”，此种监狱，实则不能称为监狱,其感化犯人心理之力量更大。

六、娼妓

在革命前,各大城市,亦如欧洲各市,都有注册之娼妓花名册,有警察来巡视检查她们。莫斯科当局为改良娼妓,设一所四百架床的济良所,其他济良所均因无妓女居住而先后关闭。济良所是一个专为教育,与训练妓女而设之组织。这些妓女大都为青年女子,且有不识字者,这济良所便将她们教育训练成为有用之公民。用各种方法把她们寻找出来,聚到这里,也有主动来的,但她们须受教学上的检验与处理。她们自治,服从简单且满意的规则,她们学一种职业(济良所附设一工场),当学好时,她们亦得工资而付自己的伙食费,尤可异者,她们所得之工资比操皮肉生活所赚之钱为低。她们有各种俱乐部,有体育班以及其他各种活动,实在说来,她们所过的生活要尽量的规律化,她们出院时,其成绩仍保存于此,且每个月开会一次,届期,出院的姑娘们还可回来贡献意见。这个地方的光线很充足,清洁又合乎卫生,而这些姑娘们似乎很活泼很高兴,无任何罪恶来压迫她们。尤可称者,此济良所完全自给,不受政府津贴。(采自《苏俄十二讲》)

各国社会事业概况

◎ 孙本文

一、导言

一般所谓社会事业，似指社会福利事业而言。但社会福利事业的范围，究竟如何，尚无确定的界说。广义言之，实可包括政治、经济、教育、宗教等凡可增进社会福利的各种事业在内。但就各国实际所办社会事业看来，并不如此广泛。大体说，所谓社会事业，应包括两方面：消极方面，是指凡社会上不能自己维持常态生活而需要他人协助的人的各种救济事业，如贫困的救济、贫病的医疗、孤儿寡妇残废者的抚养等；积极方面，是指预防上项需要社会协助的人的产生的各种事业，如职业指导、公共卫生、健康教育、成人教育、正当娱乐、儿童研究、社会立法等。因此通常各级政治机关所办的各种政治工作、各种经济机关所办的各种工商业，以及在教育制度下所办的各种系统教育，都不能视为社会事业，不过这是一个大概，至于各国实际情形，殊不一致。或因事业范围大小而不同，如英国注重社会保险与贫穷救济，美国注重家庭个案救济。或因事业管理的主权不同，如英国社会事业大都由公家主办，美国则由社会团体主办为多。或因处理事业的方法有不同，如英国注重一般社会的改进，美国注重社会个案工作，但就近时欧美各国一般的趋向言之，在管理方面，政府统制的力量渐渐超过私办事业。在方法方面，私办事业大率注重个案工作，并注重方法的研讨与改进。而公办事业大率注重社会立法、社会保险等一般的社会改进。在范围方面，有一部分国家如苏联、意大利等，将社会事业并入一般政治工作办理，而其他如英美等国则大率注重社会事业内容的扩展。此外如社会事业的分工日趋紧密，办理社会事业的人事日趋专业化，工作技术日渐精进等，这都可从各国社会事业的状况推知的。

总之，各国社会事业的性质、范围与方法，大致根据各自的历史背景，与社会需要而定，初无一定的方式。所以我国办理社会事业，似亦不必拘于各国的成例。下面简略的介绍，仅备参考而已。

二、社会事业的内容

近代社会事业比较发达的，要推英美两国，其余欧洲国家，大体上与英国相近。兹论各国社会事业的内容,仅举英美两国为例。

(一)英国。近时英国主要社会事业,不外四类:即(1)贫穷的救济与预防,(2)疾病的治疗与预防,(3)罪犯的感化与矫治,(4)经济进步障碍的消除(即指导劳资关系的改善)。大概在一八六零年以前,英国社会事业,仅有贫穷救济。至十九世纪中叶,其情形亦大致相近。儿童救济渐渐注意,不过亦仅视为贫穷救济的一部分。所谓儿童福利,亦仅限于孤儿院、贫儿院的工作。随后即注意到教育问题,而予儿童以适当的教育。刑罚的改革至十九世纪的后半,继加注重,医院工作亦不视为社会事业。当时所谓贫穷救济,其界限并不甚清,凡是儿童的教养、残病的治疗、宗教伦理的改革,都包括在救济范围以内,而其时救济事业的机关则有救济院、贫民工厂、医院、监狱、孤儿院、贫儿院等。要之,约在一八六零年顷,英国社会事业的组织不外三类:(1)公共贫穷救济机关,依《贫穷法》规定,有中央城市与地方的区别,主持贫民、儿童、残病等院内或院外的救济;(2)私家救济机关,由私人或教会捐助款项办理院外或院内救济;(3)少数儿童感化院与监犯救助会等。此三类工作实施上多不过慈善性质的救济而已。

自一八六九年伦敦慈善总会成立后,英国社会事业,始进一新时期,即所谓近代社会事业是也。近代社会事业的发端,由于慈善总会运动及各种社会事业机关的发达。而其中一关键,即社会个案工作及有关的各种机关的特殊进步。所谓社会个案工作,是应用科学方法及一般社会科学的知识,去处理个别案件的社会工作。社会个案工作约在一八二二年顷,于英人查尔梅士(Thomas Chalmers),因慈善总会运动而发达。不过英国虽为个案工作发祥地,而实际上反不如美国的发展。英国现时所注重者乃为社会保险及教育与娱乐等改进计划,而个案工作反居次要地位。要之自社会个案工作发展后,工作技术渐见进步。于是社会事业,成为专业化。从此各种社会事业,渐渐均由有专业训练的人主持办理。个案工作的发展与社会事业的专业化二者,实为近代社会事业的特征,而英国乃为其发源地。

英国为世界救济事业发达最早之国。据其过去四百年来社会救济事业的经验言之,其贡献有三:(1) 救济技术如救济组织、救济行政、救济方法等的进步;(2) 公家救济制度的建立;(3) 证明仅仅消极的救济的无效,而需要积极的发展社会福利事业的办法。

(二) 美国。美国社会事业亦可分为四类:一为社会个案工作,二为团体工作,三为机关工作,四为行政工作。其中社会个案工作最为发达。其余三类,表面上实质虽不相同,而实际则与个案工作都有密切关系。

社会个案工作发源于英国,发达于美国。其主要目的在研究并处理个人或家庭失调问题。其工作程序大致分为：(1) 调查个案内容，(2) 编制有关个人的生活史，(3) 依事实加以诊断，(4) 以诊断加以设计，(5) 依设计的办法加以处理，(6) 将全案状况记录备查。

当二十世纪的初叶，凡儿童法院、精神病院，及一般医院中的服务工作，均有助于社会个案事业的发展。直至一九一七年吕启蒙(Mary E. Richmond)女士著《社会诊断》一书，始对个案工作的范围与方法，加以一种比较详细明确的规定。依照此书，凡处理个案，必须根据生物学、心理学、社会学、社会心理学、卫生及精神病学等各科的知识，如此始使社会工作建立在一种科学的基础上。至就其研究技术的发展言：初时注重社会心理方法，即注重人格发展的分析与处理；继而注重精神病学，即以精神病学的原理解释人格发展的过程及其病态。最近则不仅在处理上根据精神病学的理论，并且在研究方面亦渐注重精神病学以代替向来注重社会或心理因素的趋向。但就现时个案工作的技术言，大致对于心理与精神病学的解释，仍同时并重。

美国社会个案工作，大致包括以下数方面：

1. 家庭个案工作。此项工作是社会个案工作中最早而最基本的。其余个案工作，大概都从家庭工作中化分出来。家庭工作的作用，不仅在救济当事人的穷困而使能自立，并且带有教育的性质，以期家庭生活的改进。因此向来称为慈善或救济机关者，多易名为家庭福利协会。至其主持机关为公私立家庭福利团体，县市救济科，州或县办的母亲年金科等。

2. 儿童福利工作。在未有个案工作以前，本早有孤儿院等儿童保育机关。自十九世纪末叶以来，始被认为个案工作的特殊领域。大概此项工作与家庭工作颇多重复。现时从事此项工作的机关，有儿童救助会、孤儿院、县市救济科、儿童指导局、巡回教师团等。

3. 医药社会工作。或称医院社会工作，都与医院、诊所、疗养院等相联络。大率家境困难无力自己医疗的人，乃不得不求社会或公家帮助。所以受救济者多贫穷分子。此项工作，实在仅是医疗救济工作的一部分。

4. 精神治疗社会工作。此原系医药社会工作的一部分，自心理卫生发达后，即独立成为专门工作。初时仅限于疯人院等，不久即扩展至精神诊疗所、儿童指导诊疗所、心理卫生所等。

5. 特殊个案工作。包括行为监察与犯罪假释等。前者当与儿童法庭相连，后者与儿童及妇女感化机关相连。此项工作虽发源已久，而实际发展乃在近一二十年中。以后或可成为独立部门，近时正注意工作人员的适当训练，以其与其他部门并驾齐驱。

6. 农村社会个案工作。美国普通个案工作，都在都市中实施，农村方面以前殊不注意。及上次欧战后，因红十字会等加意农村工作，始渐引人注意。现时此项工作，尚不十分发达，正在研究改进中。

此外团体工作大致趋向于一般社会改革运动，内容包括公共卫生，健康教育，劳资关系的改善，职业指导、成人教育与娱乐，儿童研究，社会立法等。

机关工作限于孤儿院、养老院、医院、残废院等，院所中的工作大致与个案工作有联络关系。

行政工作是一般社会工作机关中内部行政及各社会工作团体的联络指导等，大率与团体工作机关工作均有密切关系。

以上是述英美两国社会事业的内容大概。至于其余欧洲国家，多数与英国相近。美洲国家多数与美国相近，兹不赘述。

三、社会事业的管理

关于各国社会事业的管理，可从主管性质与经费来源两方面叙述。

甲、主管性质

社会事业的管理，约可分为两种。一种是由政府主办，另一种是由私立团体主办。各国大概都有这两种。不过有的国家，大部分事业是由政府办的，亦有的国家大部分是由私人团体办的。兹分述概略如下：

（一）英国。全国社会事业，向由政府主持办理。自中央以至地方都有主管部门，负责主办，是有计划有系统的公共事业。在中央政府由年金部、卫生部、劳工部等联络办理。公家所办事业大致多经过立法手续，其显著者如社会保险、年金制度等。私办事业亦甚发达。社会个案工作，几全由私人办理，其情形与美国、加拿大相近。

（二）美国。全国大部分社会事业，是由私人团体或宗教团体主办。各大城市中慈善事业，大都由资本家捐款办理。至公家主办的事业，大致由各州自办，中央仅立于监督地位。各州有公共福利局主持一切公私立社会事业之管理与监督。各城市及各地方亦均有公共福利局之设置，以办理社会事业。自一九二九年大恐慌以后，中央政府始终于一九三五年通过《社会安全法案》，办理全国各项救济。

（三）德国。全国社会事业，大致经过社会立法手续，由政府主持办理。私立社会事业机关，由政府补助经费，监督办理。

（四）苏联。大致因政治制度关系，所有社会事业包括在各级政治工作之内，不再分立。换言之，社会事业即视为政治工作的一部分。

其他欧洲国家，大体上与英国相近，不过规模较小，普通公共事业，都经过立法手续，由政府主办。私法团体所办事业，由政府监督指导。

乙、经费来源

（一）英国。凡关于《贫穷救济法》上所规定的救济费及行政费，概由政府在赋税项下支配拨发，一般即如此。至于各种私立慈善机关，亦当由政府补助。惟大部分经费，是从教会方面各种收入中划拨。教会财产的收入常大部分用之于慈善事业。此外向私人募捐或用他种方法募捐，所得款项亦不少。不过在十九世纪末叶以前，都是零星捐募，至十九世纪之末，时有较系统的募捐方法，称为募捐运动法（The Campaign Method），即从社会上各方面同时有组织的募捐方法。自此法盛行，而后收数较多而较易，且可普及社会各阶层。

（二）美国。从前美国社会事业经费，大多由私人募捐，政府支出者不多，其后募捐运动盛行，方法进步，集款较易。及二十世纪初年又有社会财库（Community Chest）之创立，于是经费的来源与支配，均为有计划的设施。同时可使全社会的人，都可参加社会事业的捐助，明了自己对于社会的责任，及社会事业对于社会的功用。此项社会财库，是在第一次欧战时发生，不过自一九二九年大恐慌以后，政府把社会事业看作复兴计划的一部分，于是此项经费，大部分由政府负担。一九二八年全国社会事业经费中公费仅占百分之六十，及一九三三年公费即占百分之九十至九十五。国家经费加多后，财库的发展即受了阻碍，一九三一年至一九三三年中央政府共费十万元社会事业费，社会财库自不能与之抗衡。然一九三五年全国四百十七个财库募捐总数亦达到六千八百五十万元。

其他欧洲国家大致由政府主办者为多，故经费亦大部分由政府负担。

四、社会事业人才的训练

各国社会事业人才的训练，大致经过两个时期：第一期为学徒训练，即随时工作随时学习的一种训练，并无正式教育；第二期为专业训练，即由专科学校或大学予以短期或长期的专业训练。初时仅为大学程度，至近时开始提高至大学毕业程度。兹就近时状况分述如下：

甲、就训练机关说，或专设社会工作学校以造就之，或附设于大学中，视各国情形而不同。

（一）美国社会事业人才训练，大率附设于大学中。一九三三年全国共有社会工作或社会服务学校二十五所，其中独立设置者仅四所，余均附设于大学或学院中。一九三五年校数增至三十，共有学生六千六百人。

（二）英国方面自二十世纪初年发达以来，至一九三零年社会服务或社会工作学校共有十二所，都与大学发生联系。

（三）德比两国的社会工作学校，均由政府直接管辖。德国共有此项学校三十六所，凡从事于社会事业者，必须在此类学校毕业并有国家给予证书。

（四）其余欧洲国家的社会事业学校，并不全与大学发生联系。除英国外，凡德比意等国的社会事业学校，大部分与教会发生关系，尤其是天主教会。他们组织一个国际天主教社会服务联会，以管理各国社会事业学校，其总会设在比京勃鲁塞尔。

据一般观察，欧洲各国对于社会事业的准备训练，比美国尤为重视。依一九二八年在巴黎召开的社会事业国际会议发表的统计，世界四大洲中有调查的是十九国，共有社会事业学校一百十三所。

乙、就训练课程与年限说，依美国情形，社会事业学校课程大致分为三类：

（一）社会事业的基本技术课程。

（二）社会事业理论课程。

（三）社会事业实习课程。

至于训练年限，美国方面规定必须教完两足年功课。其中学生至少百分之九十须高中毕业后，受过两年教育者。此即先受两年大学教育，再受社会事业训练两年，合成大学毕业程度。但实际上受训者有百分之五十五已经大学毕业。他们再从社会事业学校方面得硕士博士学位。

丙、就受训练的学生说，女子总比男子多。美国人尝说，社会事业同初级教育一样是妇女的职业，据一九三零年统计，美国社会工作人员，男性与女性成一与四之比，社会工作人员协会会员成一与六之比，社会工作学校学生成一与九点二之比。在欧洲方面社会工作学校，大部分只收女生。德国社会事业协会是一种纯粹妇女团体。可见欧美各国从事社会事业者，以妇女为多。

五、社会事业的近状

（一）英国。英国社会事业可分为两方面观察，即社会保险与贫穷救济。

1. 社会保险。英国为世界上社会保险比较发达的国家，重要者有健康保险、孤儿寡妇保险、失业保险。一九三六年《国家健康保险法》规定，凡十六岁以上工人，均须强迫保险。是年保险者达一千九百万人，保险补助金计发出三千二百五十万镑，行政费计五百六十万镑。一九三六年的《孤儿寡妇保险法》与上述《健康保险法》有密切关系。是年受补助者寡妇七十八万六千人，孤儿三十万五千人。一九三七年共发补助金二千四百万镑。又《事业保险法》一九三五年至一九三六年由劳工部主办。一九三七年受补助者达五十万六千件，补助费共计三千六百七十万镑，行政费四百六十七万五千镑。

2. 贫穷救济。英格兰与威尔斯在一九三六年至一九三七年之一年内，受救济者达一百四十七万七千五百五十五人，约每万人中有三百四十五人。一九三五年至三六年，共发出救济金院内部分一千九百八十万五千一百九十一镑，其他二千二百三十七万三千五百二十八镑。

（二）美国。公共社会福利事业以前大都由各州自办，至第七十四届国会始制定法律奖助各州事业，并由国家救济。一九三五年颁布的《社会安全法》，不仅规定国家补助各州老年救济金，并规定全国老年补助金。老年金在各州须六十五岁以上，始可补助，亦有达七十岁者，每年最高补助金可得一百五十元。一九三七年受老年金者计一百四十三万二千七百十九元，每月平均为十八元五角四分。

家庭福利机关一九三五年计有二百五十所，共救济二十二万六千家，发出救济费二千万元。一九三五年紧急救济费四十八万八千万元。一九三八年国会通报救济工作及公共事业费计三十七万五千万元。

（三）法国。重要社会事业为贫穷救济。公共救济机关之经费，一部分系捐募，一部分由各州府共同负担，一部分由各公私慈善团体分任。自一九零四年起，公家救济贫穷，由法律规定。一九三三年底，各救济院收容儿童十六万八千人，费二万五千三百七十四万法郎。全国有婴养老残废等机关计二千零六十二所，收病人九万七千九百余人，老年及残废者九万六千八百余人，全国共费十五万五千万法郎。其次，大家庭补助，始于一九二二年。一九二六年法律规定，凡有年在十三岁以下之儿童三人以上的家庭，每年补助三百六十法郎。一九三三年受补助家庭四万七千零四十五户，共费一千二百六十七万法郎。其中国库支出者计七百三十四万法郎。此外一九一零年颁布《养老年金法》，一九二八年颁布《强迫社会保险法》，均切实施行。

（四）德国。公共救济自一八七零年起即由法律规定。公共救济包括受伤将士、阵亡将士、遗孤、残废保险、老年保险、失业救济及其他贫穷救济，后由地方政府主办。儿童及少年福利事业，自一九二二年起，亦由法律规定，一九三七年总计院外救济家庭二百零五万七千户，系由各地救济委员会负责办理。一九三六年至三七年，院内救济成年八十一万八千四百人，儿童四十三万七千人，其费十六万七千四百万马克。此外补助私立救济费十三万三千七百万马克。

（五）意国[1]。公共救济自一八九零年起，即由法律规定，概由

① 即“意大利”。

一个慈善总机关名公立慈善救济院主持办理。另外又有私立母婴保卫院，救济产母婴儿。一九三六年共救济一百七十四万八千件。此外有法西斯党所办的救济机关，救济失业者及其子女。一九三七年救济所四千三百十三处，收容儿童七十四万四千人。其余各种社会事业，大致均由各级政治机关负责，视为寻常政治工作的一部分。所以近时意大利，几于无正式公共救济事业可言。

六、总结

以上简单的介绍，仅属粗枝大叶，不足以尽各国社会事业之万一。最后请就上面所述各种制度中，足为我国取法者再加申述，以供参考。

（一）慈善总会。英美大都市中慈善总会之组织，在社会事业上有极大的效用。它是全市各种社会事业的总汇与中心机关。举凡事业的调查统计整理与统一，经费的筹划与分配，工作人员的造就与任使，以及事业的计划与推进，都靠这种中心机关集中主持。惟慈善两字，取义太狭，近有易以社会服务总会之称者，似较为适宜。

（二）各级社会行政机关。英美两国对于公共福利事业，均有各级机关负责主持。就美国论，各州有州设公共福利局，各县有县设公共福利局，各城市有市设公共福利局，分别管理，或监督地方社会事业，使全国社会行政，有上下联络之效。

（三）社会财库。美国所创的社会财库，主持社会事业经费的募集与分配，系一种有计划有组织的社会财政机关，对于一地方社会事业经费筹募的统一与普及有甚大效用。

（四）社会个案工作。英美流行的社会个案工作，应用科学方法与社会科学的知识以研究及处理社会个别事件，寓教育于救济之中，作长期的指导与监督，实为最有意义的社会事业。

（五）社会事业培训学校。各国均有造就社会事业工作人员的专设学校或学系。提高工作人员的程度与待遇，充实工作人员的知识与技能，以增进社会行政的效率，实为近代社会事业推进上必不可缺的一种设置。

以上五种制度，或足为我国取法，聊陈梗概，以供参考。

四川三峡实验区煤矿童工生活调查

◎ 葛三立

一、引言

凡是到过北碚三峡实验区的人，对于区内煤矿工生活的情形，大概都有相当的认识。可是煤矿里面还有许多无家可归的儿童，他们做的是一些什么工作？他们的生活情形究竟是怎样？就很少有人注意了。作者为了研究兴趣，就费了一点时间，来做一番调查和分析，以供大家来参考罢了！

二、调查童工的经过和方法

去暑，我参与三峡新运会考察工作，偶尔在二岩镇参观煤炭厂一所，入门，即见许多蓬头赤足衣裤不全的儿童，东一堆西一堆地在那里吃饭，见我，憨态相迎。问其所作何工，答曰："打风。"原来煤炭窑深气塞，必须用许多风箱将外界空气节节引入。儿童即以摇风箱为工作，有"打风匠"之称，其头目则称为"打风头"或"风王"。经此次参观之后，我就发生了一种兴趣，想要知道他们的一切生活状况以研究童工问题之端者，复经过多次的接洽和联络，才将调查工作准备起来。这次调查，为要知道全区煤矿的童工情形，除在二岩镇详加调查而外，并且跑到夏溪口、文星场两大产煤区内，看过十几个较大的煤矿窑，兹将调查经过述之于后。

三、全区各煤矿童工概况

煤矿童工的工作，大概可分三等：（一）打风，（二）搬土，（三）挖煤。打风，就是摇转风箱，把外面的新鲜空气往洞里面打，使得里面能够通风，做这种工作的称为"打风匠"，前已言之，打风匠之中也有成年人(大都是瞎子)，但百分之八十以上都是未满十六岁的儿童。搬土的工人称为"小笨货"，是把洞里沿路有碍煤车交通的土块搬上车子推出来，做这种工作的人也有成年人，也有儿童，是看工作的轻重而定。推煤的工作，比较笨重，大都是成年人，但十四五的儿童也还不在少数。在上述三种工作里，雇用儿童最多的要算"打风"。煤炭窑洞愈深，装置的风箱愈多，而需摇动风箱的人亦愈多。窑洞最深的不下四十里，一二十里的窑洞极为普通，不过四十里那么深的窑洞，中途是有支路通到外面的。二岩镇有两个较大煤炭窑，一个深约十八里，一个深约十五里，都只有一个洞口，洞里没有通到外面的地方，所以雇用的打风匠特别多，两处共计一百三十人，大都是童工。夏溪口的蔡家沟和袁木沟两处炭窑，约有打风儿童二十余人，那里的风箱，除用人力之外，也有用水力的。他如杨泗沟、倒插沟、黄烟沟、上双河口、下双河口、新门洞等处的炭窑，现在都已通风，不再雇用儿童去打风了。文星岩、后峰岩、万家沟、土地垭、枧漕沟、戴家沟等处的炭窑，搬土推煤的童工较多，约计百余人，打风的童工则寥寥无几，因为有些炭窑已经通风，有两个较大的炭窑，且已经光后改用电力打风了。

全区各煤矿，约计童工三百余人，其中搬土推煤约占二分之一，打风的约占二分之一。这里有一个说明：搬土推煤的童工，因为工作性质不同，年龄都在十四岁以上，每天出洞的机会也较多；打风童工则有百分之八十五的年龄在十四岁以下。他们的工作，无论是日工或夜工，都要固定在一个地方(就是风箱的旁边)，继续做工若干小时。打风的童工，以二岩镇为最多，二岩镇是一个什么地方？

二岩镇是在北碚温泉的斜对面，二岩镇的房屋紧紧贴在一个高高的山岩边上，下面就是波涛滚滚的嘉陵江。因为限于地势和产煤的关系，街道很狭，卫生环境也不大好。有两段街道，家家都有过街楼，简直连光线也不通，好像是火车的山洞一样，跑进去的时候，看不见脚下的路，只看见前面出口处的一点亮光。镇上的居民，除了煤矿工人之外，其余大多数都是开小店，摆花生水果摊，靠着工人生活的，还有，就是檝做路生意的几家小饭店同小客栈了。镇的西首，高耸着两块悬岩，大约“二岩”这个名称，就是由此而来。两岩之间，虽然没有瀑布，但如立在下面的小桥上，潺潺之声，总是不绝于耳，右边有一条石板路曲曲折折地通到岩顶上，颇为险峻，好像一架“登天之梯”，跑到岩顶上一看，谁知也同平地一样，也有人家，也有良田美池，阡陌交通，鸡犬相闻，真是别有天地！在那里，可以看到温泉的全景，可以看到嘉陵江上大大小小的船舶，还可以隐约听到船夫的“杭育”之声。

四、童工的日常生活

关于童工的日常生活，可分四层述了如次：

（一）作息时间——他们的工作，是分日夜两班，每一个月（农历）掉班一次，每人一月休息一天或两天，没有工钱。上日班的人，大概每天上午三点半钟起身，四点钟吃饭，四点半钟集合，由“打风头”带领进洞，至下午五点半以后陆陆续续地由洞里出来。上夜班的人，同样地，在每天下午三点半钟起身、吃饭、集合，由另一个“打风头”带领进洞，至第二天上午五点半钟以后陆陆续续地由洞里出来。实际上，他们的作息时间，是看天气的长短而有伸缩的。夏季日长的时候，日班吃亏，夜班讨巧，冬季日短的时候则日班讨巧，夜班吃亏。从洞口到终点，路程很远，打风的风箱是沿途安置的，每一架风箱，到洞口的距离，有远有近，最近的只有一里多路，最远的就有十三四里，所以进洞尽管是在同一个时间，出洞总是有先有后，先后相差有四五小时之多，因为风箱的转动昼夜不停，下一班去上工，上一班才能下工。风箱大小不等，距离洞口愈近的愈大，愈远的就愈小，年龄较大的儿童就摇大风箱，年龄较小的就摇小风箱。所以，无论是日班夜班，年龄愈大，上工的路愈近，出洞的时间也愈早；反之，年龄愈小，上工的路愈远，出洞的时间也愈迟。不过通道里面伸缩也还是有的，支配之权完全操在打风头的手里。

（二）穿的衣服——打风的儿童，一方面因为生活困难，做不起衣服，一方面又因在其所处的社会环境里，感觉不到穿衣服的必要，煤炭窑里温度很高，有衣服的也要把衣服脱掉才能进去，所以他们无论冬夏，都以不穿衣服为爽利。天冷的时候，有一间屋里生着一堆热烘烘炭火。他们出洞之后，第一件事，就是跑到小屋里去“烤火”，烤过火就到隔壁大锅灶上盛饭吃，吃过饭再烤火，或者就钻到炭火堆旁边稻草里去睡觉，无形之中，窑洞、炭火、米饭、稻草等，就代替了他们的衣服。所以他们在外面带来的衣服，总是愈穿愈烂，从来不想添补，甚至稍微好一点的衣服还要卖掉去换零食吃。据厂里职员谈，厂方愿意补助他们二分之一的钱，劝他们做衣服，他们宁可挨冻，总是不肯做。在一百十一个打风童工内，至少有百分之二十完全没有衣服。

（三）吃的饮食——童工的饮食，大概还没有什么问题。做日工的，清早吃一顿饭进洞，中午送一次饭粑（用饭勒成的团子），每人一个，晚上出洞后再吃一顿；做夜工的也是在进洞之前与出洞之后各吃一顿，半夜送一次饭粑。吃的小菜，大都是青菜汤或是腌萝卜之类；不过有一个问题，就是食盐放得太少，小孩们嫌淡，大都向外面买咸菜吃，或是买了青菜、萝卜、油盐之类，自己烧汤吃。还有些小孩好吃零食，如甘蔗、橘子、花生、蚕豆、酥糖等，因此，他们得的钱大都这样的用光，带回家的便非常之少了。

（四）住的房屋——童工所住的房屋，可分三种：(1) 睡觉的地方，(2) 吃饭的地方，(3) 烤火的地方。睡觉的地方两家煤炭厂都在楼上，都是不通空气，没有亮光的房间，肮脏的不得了，楼板上铺一层稻草，稻草上铺一层粗竹席，竹席上放了五六条很烂的蓝布棉被，每条棉被里总要睡七八个人。棉被每年拆洗一次，其脏可知，拆洗的时候，棉花胎就要重弹，因为那些被胎经过许多小孩长期的盖用，势必完全破碎了。吃饭的地方，就在锅灶的附近，并没有桌子板凳，只是三个一堆，五个一堆，蹲在地上吃，或者捧着饭碗四处跑着吃着。烤火的地方，就是一间小屋，当中烧着一堆炭火，大大小小围坐在地上，有的谈天说地，有的互相调笑，认起真来，就相骂相打，打架的时候，甚至有跌在炭火上的。至因烤火不慎，而烫伤腿脚的，也是有的。

五、煤矿中的形状和童工的工作情形

在调查期间，为要实地考察童工的工作情形，我又跑到煤矿里面看过一次，共计在洞里度过了七个钟头。那个煤矿，听说已经开采了一百几十年，约有十五里长，要由二岩镇一直通到草街子，和我一同进洞的还有那位二岩小学的教师刘先生。我们预先就同厂里接洽好，请他们预备两个滚子(就是推煤的车子，坐煤车，他们叫坐船)。七点钟一敲，我们就开始准备。跑到厂里的时候，滚子已经在等候。到了洞口，我们把衣服鞋袜脱下坐上煤炭滚带着绝大的好奇心，直奔洞中而去。进了第一道门，地下就有很多的水，我心里想，怪不得他们叫“坐船”，坐在滚子里，必须把头低了又低，低到不能再低的程度，为避免擦破头皮，背脊也不能往上仰，否则就要碰伤，不过里面也有又高又阔的地方，那是专为装置风箱和工人歇脚而用的。

那个煤矿里，共有风箱十五架，外面一架，里面十四架。外面叫做“打扬风”，里面的叫做“打腰风”。打扬风的风箱最大，所以打扬风的都是成年人，通常是用两个瞎子，左边一个，右边一个。打腰风的都是小孩子,间或也用一两个成年人。洞里的路程远近,是用风箱的架数来计算的,你要是问他们前面还有多少路,他们的回答是几架风箱而不是几里路。每架风箱的距离,约有一里左右,所以从洞口到挖煤的地方,大约十五里。十五架风箱大小不一,最大的就是外面一架打扫风的风箱,里面的十四架,从第一架起,越到里面越小,大的风箱,需要四个小孩,也有用三个的,最小的风箱就用两个。作息时间是用燃香的方法来计算的,就是把普通的小捧香分为三段,在香上刀痕,每一段大约燃烧二十三分钟,就是二十三分钟换两个小孩下来休息。休息的时刻两个候,或是在风箱旁边的板上睡觉,或是在灯底下玩耍,里面是点的菜油灯,鬼气森森,令人望而生怖。靠近灯的墙头上,爬满了一种棕色的昆虫,翅膀很长,他们叫做“偷油婆”,大概是因为偷油吃而得名。煤矿里老鼠也很多,据说这种老鼠是厂里特为养在洞里的,并且还给他们一个尊号,叫做“窑猪”。听说“窑猪”能有先知之明,窑洞里要有什么危险,如“崩塌”“淹水”之类,他们就预先搬家,工人一到这种现象,就不敢进洞,随时设法防止。听说煤矿里还有一种大蟒蛇,时常有人看见,并不害人。

安置风箱的地方,必有两道门,风箱是在第一道门的外面,风箱所打进的风,是由另一个专为通风的洞通到第二道门的里面。两道门相距一丈多远,门朝外面开,上端向内倾斜,很笨重,而且门框的四周围都泥着很多的烂泥，所以关起来的时候，密不通风，其用意就是要内外隔绝，使得外面打进的风不能出来，所以要用两道门的原因也就在此，煤滚经过的时候，开了这一道门，那一道门还是关住，开到那一道门时，这一道门又已关好。第二道门的里面，总是放着一只木头的粪箱（形似垃圾箱），臭不可闻。从外面进去的时候，总要看见前面有灯光，才知道到了一架风，可是从里面出来，没有灯光可看（因为灯门在门的外面），只要闻到一阵臭风，就知道前面到了一架风，至于洞中的煤气臭和污水臭，那更是家常便饭了。

六、童工的人数

照本年三月底调查，二岩镇两家煤炭厂的打风童工共计一百一十人（搬土与推煤者在外）。此项童工，流动性很大，每一个月里，都有若干名进厂，若干名离厂。九十二名当中，到厂没有超过三个月者共有四十六人，恰巧占百分之五十，其中一个月及未满一个月者计有二十七人，几及总数（九十二人）百分之三十，到厂二年及二年以上者只有两个人。

这些童工大都是合川铜梁一带的流浪儿童，由厂方派人四处找来的，找到一个就给两块钱的酬劳。到了这里之后，大概吃得苦了，有耐性的，或是中厚一点的，总可以一天天地做下去，其他流浪性成，或较为活泼的儿童，一不满意，就要逃走，这是厂方最感头痛的一件事。现在二厂人数减少，工作的分量就要增加，例如从前四个人摇的风箱，现在只剩了两个人摇，甚至小风箱只有一个人摇。

七、童工的年龄与体格

依照我国修正《工厂法》的规定："男女工人在十四岁以上未满十六岁者为童工。"所以本文所分析的都是未满十六岁的儿童。二岩镇两家煤炭厂的打风匠共计一百三十人，其中未满十六岁者一百十一人，占打风匠总数百分之八四点六。这次调查了九十二人，约占未满十六岁的儿童数百分之八二点九。九十二个儿童之中，年龄最小者为五岁，最大者为十五岁，其中以十岁和十一岁人数为最多，合计四十人，占调查人数百分之四三点四。九十二个儿童当中，合于工厂雇用年龄者（十四岁和十五岁）十四人，仅占百分之一五点二，其余百分之八四点八，都是未满十四岁的儿童。

这些童工，因为种种关系，如工作的劳苦、睡眠的不足、营养的缺乏和环境的不卫生等，身体大都很瘦弱，手脚和腿部由于碰到石头被擦伤或因烤火不慎被烫伤的也很多。两家煤炭厂，均无医物设备，遇有疾病，自然也就不能过问了。

八、童工的家庭状况

关于这班童工的家庭状况，现在从三方面来分析：（一）家庭所在地，（二）家庭人口状况，（三）父母的职业。

（一）家庭所在地——前面已经说过，这班童工大都是合川铜梁一带的流浪儿童。九十二人之中，家庭所在地以合川为最多，计四十一人，占百分之四四点七；其次为铜梁，计十一人，占百分之一二；再其次为岳阳、潼南、武胜等三处合计亦有二十人，以上共计七十二人，还有二十人，除了一个湖北小孩之外，都是四川各县的，其中最远的要算开县、金堂和温江，家住在本区的只有三个人。

（二）家庭人口状况——这次调查的童工，当过乞丐的，十居八九。这种事实，一方面听到厂里招雇童工的人告诉我们是如此，一方面也可以从他们的家庭分布状况和有无父母的这一点上看得出来。大概家庭距离本区愈远的，所过的流浪生活也愈久，在长期的流浪生活中，当乞丐已经是很可能的事实了。九十二个儿童之中，父母俱无者三十人，占百分之三二点六，父母俱全者二十六人，有父无母者十九人，有母无父者十七人，父母兄弟姊妹全无者计有十五人。

这些童工的兄弟姊妹也不很多，兄弟姊妹全无者计三十二人，占百分之三四点八，余六十人中兄弟姊妹的数目，每人由一个至四个不等。

（三）父母的职业——四十五个童工的父亲的职业，以种田地者为最多，其次为做小生意佣工，和做力夫小贩，等等，做各种手艺的也还不少。四十三个童工的母亲的职业，亦以种田地的为最多，其次则佣工做小生意，等等。

九、童工的知识程度

九十二个童工之中，没有读过书的计有七十三人，占百分之七九点五，读过书的只有十九人，占百分之二十点五。所谓“读过书”者，最多的也只读过三年半，最少的不足两个月、一个月，甚至只有半个月而已。十九个读过书的儿童之中，能够读出初小一年级国语读本里字句的，实际上只有五个人，因为有些年龄较长的儿童，离开学校很久，读的书早已忘记了。

十、童工的心理状态

关于这些童工的心理状态，现在从两方面来分析：

第一，兴趣方面——他们的兴趣很为简单，除了“吃”与“玩”之外，简直没有别的。关于“吃”的方面，前面已经说过，他们所得的工资，大部分是买了小菜和零食，带钱回家的没有几个。“玩”的方面，是有三种不同的方式，一种是闲逛，一种是谈天，还有一种就是赌博。闲逛是跑到街上来或是跑到二岩小学来玩玩，但这种玩法，并不多见。最普通的玩法，就是相与谈笑，每天下工经过其他风箱的时候，总要耽搁一下，所以进洞快而出洞慢，无形中将在洞里的时间延长很多。出洞之后，应当睡觉的时候，往往不去睡觉，总是尽量玩耍，不然就是赌博。

第二，将来的志愿——九十二个童工之中将来的志愿，以“种田地”者为最多，计三十四人，占百分之三七；其次为“当兵”，计二十五人，占百分之二七；再其次为“做生意”，计十四人，占百分之一五；其余为“做手艺”六人，“为国出力”“种田地和当兵”各四人，“打风”“割草”“做工”各一人，回答“不知”者有二人。

后　　记

自 1912 年北京社会实进会成立算起，中国社会工作已经走过了 100 多年的历程。无论其中经过了多少反复，中国社会工作终于蓬勃地发展起来了。在这发展过程中，中国社会工作理论界和实务界留下了许多珍贵的历史资料，今天仍然是中国社会工作向前发展的动力源之一。为了深入发掘中国社会工作的宝贵遗产，以服务于当下的社会工作事业，我们特别推出“中国社会工作史料汇编”（第一辑）。

“中国社会工作史料汇编”（第一辑）共有 6 种图书：《社会工作导论》（蒋旨昂著）、《现代社会事业》（言心哲著）、《医院社会工作》（宋思明、邹玉阶著）、《精神病之社会的因素与防治》（宋思明著）、《社会救济》（柯象峰著）、《社会事业与社会建设》（复旦大学社会学系编)。

为尊重历史与保持原书的风貌起见,这次整理仍沿用原书体例与用词,没有作任何更动。为方便现在读者的阅读,整理者对原书中的个别地方添加了注释,并作了明确标注。原书中有几处地方的文字十分模糊,无法辨认,只能用“□”代替,敬请读者谅解。

本书系根据1941年独立出版社版本整理,整理者为彭秀良。

“中国社会工作史料汇编(第一辑)”编辑委员会

2018年10月